Das große Vorlesebuch für Jungs

für Piraten, Ritter und Abenteurer

Das große Vorlesebuch für Jungs

für Piraten, Ritter und Abenteurer

Sonderausgabe im Sammelband
© Carlsen Verlag GmbH, Völckersstraße 14–20, 22765 Hamburg 2016
ISBN: 978-3-551-22104-9
Umschlagillustration: Stéffie Nasution · Illustration der Lesemaus: Hildegard Müller
Redaktion: Caroline Fuchs · Lithografie: ReproTechnik Fromme, Hamburg
Printed in Germany

Carlsen-Bücher gibt es überall im Buchhandel und auf www.carlsen.de
Newsletter mit tollen Lesetipps kostenlos per E-Mail: www.carlsen.de

Inhalt

15 Pirat Pfefferkorn sticht in See

20 Paul kann morgens nicht aufstehen

23 Die Butterbrotbande

29 Joschis Mutproben

35 Julians neuer Freund

39 Fußball im Weltall

43 Kuno unsichtbar

48 Der Mondkindergarten

Inhalt

53 Der Astronaut mit der goldenen Unterhose

58 Emil, das vergessliche Eichhörnchen

63 Stacheliger Besuch

67 Käpt'n Klabauter im dampfenden Meer

72 Die Xorx Morx

76 Timo kann das schon alleine

81 Smutje Simon Schmackofatz

86   Ronaldo auf Reisen

91   Schnapp dir den Ball!

95   Der Fußball aus Lima

99   Die Zauberschuhe

104   Gegenteil-Tag

108   Ein Kuscheltier fährt übers Meer

112   Ein blinder Passagier

116   Ein Wohnwagen geht auf Reisen

120 Weihnachten bei Oma Lotti

127 Eine Ente für Alfred

131 Der Kühlschrank lebt

136 Schlittenfahrt mit Tiger Fred

Vorlesetipps

Kinder werden vor allem dann zu begeisterten Lesern, wenn auch in ihrem Zuhause schon früh Bücher zum Leben dazugehören. Damit es allen Eltern noch besser gelingen kann, ihre Kinder an Bücher heranzuführen, haben wir hier 6 Tipps zusammengestellt.

1. Zum Vorlesen gehört eine gemütliche Atmosphäre. Wichtig ist es, das Buch dabei so in den Händen zu halten, dass die Kinder entspannt die Bilder anschauen können.

2. Wer sich das Buch vor dem Vorlesen schon einmal angeschaut und die Geschichte vorher schon einmal selbst gelesen hat, kann später beim Vorlesen die Inhalte verständlicher präsentieren. Die Zuhörer bemerken positiv, dass der Vorleser die Geschichte und die Pointen schon kennt. Wenn dann noch die Stimme passend zu Figuren verstellt wird, ist das Vorlesen ein Erlebnis.

3. Kinder mögen es, ihre Lieblingsbücher wieder und wieder vorgelesen zu bekommen. Dreißig Mal dasselbe Buch – keine Seltenheit und für manche Eltern eine Herausforderung. Diesem Wunsch der Kinder sollte jeder Vorleser aber unbedingt nachkommen. Kinder lieben beim Vorlesen das Ritual, es ist für sie ein großer Spaß, ihre Lieblingsgeschichten in- und auswendig zu kennen. So werden Bücher zum festen geliebten Bestandteil ihres Lebens.

4. Wer als Vorleser innerlich mit den Gedanken ganz woanders ist, wird auch seine Zuhörer nicht fesseln können.

5. Für jüngere Kinder ist es noch nicht so wichtig, dass eine Geschichte einen Anfang und ein Ende hat. Wenn ein Kind also Lust hat, bei einer Seite zu verweilen und sich einfach nur dieses eine Bild anzuschauen, so ist dies in jedem Falle besser, als zwingend zu Ende zu lesen.

6. Das Vorlesen kann besonders gut gelingen, wenn die Vorlesenden flexibel auf die Wünsche der Zuhörer eingehen: An manchen Tagen soll nur »wie immer« der Text vorgelesen werden. An anderen Tagen ermöglichen Fragen an das Kind, die sich auf den Inhalt beziehen, eine für beide wunderschöne Beschäftigung mit dem Buch. Auch wollen die Kinder manchmal nur still die Bilder betrachten. All diese Wünsche können die Bindung der Kinder an Bücher langfristig stärken.

Frank Kühne, Programmleiter
Carlsen Verlag

Pirat Pfefferkorn sticht in See

Eine Geschichte von Margit Auer
Mit Bildern von Ina Worms

Wer ist der schlimmste Pirat aller Zeiten? Das ist natürlich Pirat Pfefferkorn! Er hat ein großes Schiff mit acht Kanonen und elf Männern, die für ihn kämpfen.

An einem sonnigen Julimorgen sticht Pirat Pfefferkorn mit seiner Mannschaft in See. Das Schiff ist voll beladen mit fünf Kokosnüssen, drei Hühnern und einem Fass Sauerkraut. Er will zur Felseninsel. Unterwegs plant er noch ein paar Handelsschiffe zu überfallen und Menschen zu erschrecken.

Begeistert ruft er: »Der schlimmste Pirat aller Zeiten, das bin ich!«, und wetzt die Säbel.

Pirat Pfefferkorn ist schon lange im Piratengeschäft, und so langsam wird er etwas schusselig. Pirat sein ist ja auch kein leichter Job. Und so passiert ihm an diesem Tag etwas furchtbar Peinliches: Pirat Pfefferkorn hält die Landkarte verkehrt herum!

Irgendwann schaut er durch sein Fernrohr und kratzt sich am Bart. »Hhmm, hmm«, murmelt er. »Was ist denn das?«

Durch sein Fernrohr sieht er keine schroffen Felsen und stolzen Burgen, die er ausrauben könnte, sondern Sonnenschirme, Liegestühle und eine Eisbude, an der sich Kinder drängeln. Im Wasser schwimmen bunte Plastiktiere. Jungen und Mädchen schippern auf Luftmatratzen herum oder hüpfen von einem Holzfloß ins Meer. »Yippie«, rufen die Kinder fröhlich und plumpsen ins Wasser, dass es nur so spritzt. Pirat Pfefferkorn hat gar nicht gemerkt, dass er die ganze Zeit in die falsche Richtung gefahren ist. So schusselig ist er!

Pirat Pfefferkorn beugt sich weit über die Reling, um möglichst viel zu erkennen, während sein Schiff weiter geradeaus fährt. Dann macht es plötzlich »Krchhk«. Der Bug des Schiffes ist gegen eine Sandbank gestoßen. Pfefferkorn, vom Aufprall überrascht, verliert das Gleichgewicht und stürzt kopfüber ins Wasser.

Er rudert mit den Armen und schreit: »Hilfe, ich kann nicht schwimmen!«

Das hört ein kleiner blonder Junge, der am Strand im Wasser spielt. Schnell läuft er zu seinem roten Schlauchboot, schiebt es ins Wasser und rudert, so fest er kann, in die Richtung des strampelnden Pfefferkorn. Er ist ein starker kleiner Junge und erreicht schnell den hilflosen Piraten. Der japst und prustet und schnappt nach Luft. »Komm rein ins Boot«, sagt der Junge freundlich und streckt ihm die Hand entgegen.

Während der Junge mit seinem weißen Plastikpaddel zurück zum Strand rudert, erzählt er munter drauflos: »Ich heiße Paul und wohne mit meiner Mama in einem Haus hinterm Deich. Und wer bist du?«

Pirat Pfefferkorn schnauft. »Ich bin der schlimmste Pirat aller Zeiten«, sagt er. »Pirat Pfefferkorn.«

Paul ist begeistert. »Oh, toll, ein Pirat! Bringst du mir bei, wie man kämpft?«

»Aber klar«, verspricht Pirat Pfefferkorn.

Gleich nach dem Mittagessen rudern sie in Pauls rotem Schlauchboot hinüber zum Piratenschiff. Dort warten elf Männer und ein Huhn. Die anderen Hühnchen, die Kokosnüsse und das Sauerkraut haben sie längst aufgegessen.

»An die Waffen«, ruft Pirat Pfefferkorn. »Zeigt meinem Retter, was ihr könnt!«

Paul bekommt einen kleinen Kindersäbel aus Holz und die elf Männer und Pirat Pfefferkorn üben mit ihm den ganzen Nachmittag das Kämpfen.

»Sehr gut«, lobt Pirat Pfefferkorn den kleinen Paul. »Du kämpfst ja schon wie ein richtiger Pirat. Ich nenne dich jetzt nur noch Pirat Pfefferkörnchen.«

Es macht Paul riesigen Spaß, den Säbel zu schwingen und laut herumzubrüllen. Er darf den Mast hinaufklettern und in der Schatztruhe wühlen. Als Dank, dass er den schusseligen Piraten vor dem Ertrinken gerettet hat, kann er sich dann sogar eine Goldmünze mitnehmen.

Als es Abend wird, bringt Pirat Pfefferkorn Paul wieder zurück an den Strand. Diesmal rudert er, denn Pirat Pfefferkörnchen hat vom vielen Kämpfen einen Muskelkater.

Später, beim Schlafengehen, erzählt Paul seiner Mutter von seinem Tag: »Erst habe ich einen Piraten vor dem Ertrinken gerettet, dann haben wir mit Säbeln gekämpft und später durfte ich noch in der Schatztruhe wühlen.«

Die Mutter streicht ihm über die Stirn. »Deine Fantasie möchte ich haben«, lacht sie.

Paul schließt die Augen. »Morgen«, flüstert er. »Morgen zeige ich dir die Goldmünze, die ich von Pirat Pfefferkorn bekommen habe. Da wirst du staunen, Mama!« Und dann ist er auch schon eingeschlafen.

Was würdest du gerne von einem Piraten lernen?

Paul kann morgens nicht aufstehen

Eine Geschichte von Luise Holthausen
Mit Bildern von Miriam Cordes

Seit ein paar Monaten geht Paul in den Kindergarten. Das findet er toll. Nur dass er schon morgens um halb acht in den Kindergarten gehen muss, das findet Paul nicht so toll. Papa und Mama müssen nämlich früh zur Arbeit und deshalb müssen sie Paul auch früh in den Kindergarten bringen. Und weil er morgens früh aufstehen muss, muss er abends früh ins Bett gehen. Schon vor acht Uhr. Das findet Paul erst recht nicht toll. Denn abends ist Paul immer hellwach! Morgens ist er immer so schrecklich müde, aber abends fällt es Paul gar nicht schwer, aufzustehen. Das geht sogar ganz leicht.

Er steht auf, weil er zum Abendessen nur zwei Becher Kakao getrunken und jetzt großen Durst auf Apfelsaft hat. Er steht auf, weil er vergessen hat, nach dem Apfelsafttrinken noch einmal seine Zähne zu putzen. Er

steht auf, weil er zum dritten Mal aufs Klo muss. Er steht auf, weil Papa ihm nach dem Abendessen ein Autobuch vorgelesen und er sich die tollen Bilder noch nicht oft genug angeguckt hat. Er steht auf, weil er ein Haus aus Legosteinen bauen möchte. Er hat nämlich den ganzen Tag noch kein Haus aus Legosteinen gebaut.

»Jetzt bleib doch endlich mal im Bett und mach die Augen zu«, schimpft Mama. »Es ist Abend. Der Tag ist zu Ende.«

»Warum muss der Tag denn so früh zu Ende gehen?«, denkt Paul.

Mama deckt ihn noch mal mit seiner Kuscheldecke zu. Sie singt ihm zum dritten Mal ein Gutenachtlied vor, streicht ihm über den Kopf und gibt ihm einen Gutenachtkuss. Wenn er dann still liegen bleibt, merkt Paul, dass er eigentlich doch ziemlich müde ist. Jetzt ist er froh, dass es Abend ist und er endlich schlafen kann.

»Warum muss denn die Nacht so kurz sein?«, denkt Paul am Morgen. Morgens kann Paul nicht aufstehen, wenn Mama ihn für den Kindergarten weckt. Er kommt kaum aus dem Bett. Pauls Augen kleben nämlich zusammen. Als er sich hinsetzen will, stößt er sich den

Kopf an der Bettkante. Als er sich anziehen will, findet er seinen zweiten Strumpf nicht. Sein Unterhemd kneift. Sein Pulli kratzt. Und sein Hosenknopf geht sowieso nicht zu.

»Trödel doch nicht immer so, Paul!«, seufzt Mama. »Es ist Morgen. Der Tag hat angefangen.«

»Warum muss der Tag denn so früh anfangen?«, denkt Paul und gähnt.

Da wäscht Mama ihm die Augen mit warmem Wasser. Sie streichelt ihm die Beule am Kopf. Sie findet seinen zweiten Strumpf, zieht ihm ein neues Unterhemd und einen weiten Pulli an und knöpft ihm die Hose zu.

Sein Müsli in der Küche kann Paul dann schon selber essen. Und auf dem Weg zum Kindergarten seine Kindergartentasche ganz alleine tragen.

Am Eingang zum Kindergarten wartet ungeduldig sein Freund Felix. »Spielst du mit mir?«, fragt Felix.

Paul reibt sich die Augen. Sie kleben nicht mehr zusammen. Seine Beule tut auch nicht mehr weh. Er hat zwei Strümpfe an. Sein Unterhemd kneift nicht, sein Pulli kratzt nicht und seine Hose ist sowieso zugeknöpft. Und jetzt fällt Paul auch wieder ein, dass er gestern mit Felix im Kindergarten Eisenbahn gespielt hat. Das hat Spaß gemacht! Das könnten sie doch heute gleich wieder machen. Paul ist auf einmal hellwach: Also von ihm aus kann dieser tolle Kindergartentag jetzt sofort anfangen!

Welche Tageszeit magst du lieber? Den Morgen oder den Abend?

Die Butterbrotbande

Eine Geschichte von Margit Auer
Mit Bildern von Ina Worms

In den Ferien ist es manchmal ganz schön langweilig. Carla hatte geschlafen, so lang sie konnte. Sie hatte ihren Teddybären gebadet und ihn an die Wäscheleine gehängt. Da baumelte er nun in der Morgensonne und winkte ihr zu. Carla holte ihre Kreide, setzte sich auf den Balkonboden, fing an zu malen und sang dabei leise »Am Weihnachtsbaum die Lichter brennen«, was für August natürlich sehr unpassend war.

Das dachte auch Ronnie, der auf dem Nachbarbalkon stand und mit der Steinschleuder auf Mülltonnen schoss.

»Du Mistkröte aus der Marktgasse 5, kannst du nicht leiser singen?«, rief er und beugte sich weit über das Geländer.

»Du Stinkekäfer aus der Nummer 7, kannst du nicht die armen Mülltonnen in Ruhe lassen?«, antwortete Carla und sang, so laut sie konnte: »Oh ja, sie brennen hell und klar.«

Da nahm Ronnie eine eingeschrumpelte alte Kastanie und zielte.

Wutsch! Die Kastanie traf die Wäscheklammer. Die Wäscheklammer fiel zu Boden und der Teddy segelte in die Tiefe. Er fiel und fiel – und landete genau in dem Wasserfass im Hinterhof.

»Du verdammter Läusebiber, das wirst du mir büßen«, schrie Carla und rannte nach unten. Sie fischte ihren armen Teddybären aus dem Wasserfass, drückte ihn fest an sich – und stutzte.

Im Erdgeschoss hatte Bäckermeister Huber seine Backstube. Meistens stand das Fenster offen. Carla und Ronnie grüßten Bäckermeister Huber immer sehr freundlich. Denn wenn man den Bäckermeister freundlich grüßte, steckte er einem manchmal eine Rosinenschnecke zu. Carla starrte durch das offen stehende Fenster und rief so leise wie möglich:

»Ronnie, kannst du mal kommen?«

Ronnie musste gespürt haben, dass die Lage ernst war. Er sauste

die Treppen hinunter, blickte durchs Fenster – und sah Carla unsicher an. Bäckermeister Huber saß am anderen Ende der Backstube wie ein Häufchen Elend auf einem Stuhl und hatte seinen Kopf in beide Hände gestützt.

»Herr Huber, was hast du denn? Ist alles in Ordnung?«, fragte Carla besorgt. Bäckermeister Huber zuckte zusammen. Vorsichtig kletterten die beiden Kinder in die Backstube.

Herr Huber guckte betrübt. »Diebe haben mein Butterbrot geklaut! Das Brot war ganz frisch, die Rinde so knusprig und obendrauf lag leckerer Käse. Ich hatte es auf den weißen Porzellanteller gelegt und vorne auf den Tisch gestellt. Gerade eben wollte ich mich hinsetzen – aber da war der Teller leer!«

»Wer macht denn so was?«, rief Carla empört.

Bäckermeister Huber schüttelte ratlos den Kopf und seufzte. »Ich weiß es auch nicht. Na ja, dann muss ich wohl eine Rosinenschnecke essen. Wollt ihr eine?«

»Zwei«, sagte Ronnie.

Da lachte Herr Huber, drückte jedem Kind ein Gebäckstück in die Hand und schob sie in Richtung der Tür. »Ab mit euch, ich muss jetzt weiterarbeiten.«

Carla warf einen letzten Blick zurück auf den Tatort: Ganz einsam stand der weiße Porzellanteller auf dem Tisch. Einsam und leer.

»Holst du jetzt die Polizei?«, fragte Ronnie den Bäckermeister.

»Nein«, lachte Herr Huber. »Wegen eines Butterbrots kommen die bestimmt nicht.«

»Ich kümmere mich um den Dieb«, versprach Carla.

»WIR kümmern uns drum«, verbesserte sie Ronnie.

Die beiden Kinder sahen sich an. Sie konnten sich nicht leiden. Aber jetzt ging es darum, ein Verbrechen aufzuklären. Butterbrot-Diebe fangen, das ging zu zweit viel besser als alleine und so machten sich Ronnie und Carla an die Arbeit. Zuerst suchten sie nach Spuren. Dann befragten sie die Nachbarn, vielleicht gab es ja Zeugen? Sie krochen übers Pflaster, um nach Brotkrümeln zu suchen. Sie fragten in der Eisdiele, ob zufällig Butterbrot-Diebe vorbeigekommen waren. Leider hatten sie damit wenig Erfolg. Bis jetzt gab es noch keine Spur.

Weiter zum Spielplatz!

Am Zaun parkten zwei Fahrzeuge. Ein kleines Kinder-Polizeiauto mit schwarzen Gummirädern und ein Fahrrad. Sie gehörten Tim und Emmi, die im Sandkasten spielten.

»Perfekt, um die Butterbrot-Diebe zu jagen«, fand Ronnie. »Habt ihr Lust zu helfen?«

Darauf hatten Tim und Emmi große Lust. Jetzt waren sie schon zu viert!

Tim drehte am Gashebel seines Polizeiautos. Carla durfte bei Emmi auf dem Fahrrad mitfahren und Ronnie rannte nebenher. Das machte Spaß! Ronnie rief fröhlich: »Wir sind die Butterbrotbande!« Die anderen stimmten begeistert zu und gemeinsam flitzten sie durch die Nachbarschaft. Als es Mittagszeit wurde, machte sich die Butterbrotbande auf den Heimweg.

»Wir geben dem Bäckermeister kurz Bescheid, dass wir an dem Fall dranbleiben«, sagte Ronnie mit wichtiger Miene.

So machten sie es.

Vor der Bäckerei saß ein kleiner Hund. Er wedelte fröhlich mit dem Schwanz.

Als sie die Ladentür öffneten, sprang er auf, quetschte sich durch den Spalt, hüpfte auf den Tisch und leckte mit seiner Zunge über den weißen Porzellanteller, der noch immer auf dem Tischchen in der Backstube stand. Er erwischte nur einen Krümel und jaulte traurig.

Der Butterbrot-Dieb war – ein kleiner Hund! Da mussten Carla, Ronnie, Tim und Emmi laut lachen. Sie hatten ihren ersten Fall gelöst!

Die Butterbrotbande beschloss, sich am Nachmittag wieder zum Spielen zu treffen. Vielleicht wartete ja dann schon ein neuer Fall auf sie.

»Bis später, Stinkmorchel«, verabschiedete sich Carla von Ronnie.

»Bis dann, Pupskartoffel«, antwortete Ronnie.

Was für eine Bande würdest du gründen?

Joschis Mutproben

Eine Geschichte von Margit Auer
Mit Bildern von Ina Worms

Joschi war neu in der Stadt und suchte einen Freund. Er hatte auch
schon genaue Vorstellungen davon, wie sein neuer Freund sein sollte:
»Ich brauche einen, der viel Mut hat«, überlegte er. »Es weiß ja jeder,
dass man mit Angsthasen keine Abenteuer erlebt.« Sein Wunsch sollte
bald in Erfüllung gehen.

An seinem ersten Wochenende in der neuen Wohnung sah Joschi
einen Jungen im Nachbargarten sitzen. Auf dessen Kopf herrschte
Chaos: Schwarze Locken wuchsen dort kreuz und quer durcheinander.
Der Junge machte gerade seinen Mund weeeeit auf, um in ein
Marmeladenbrot zu beißen.

»Halt«, wollte Joschi rufen, denn vorne auf dem Brot saß eine dicke
Fliege. Zu spät. Der Junge schob das Brot schnell in seinen Mund,
mitsamt der Fliege. »Donnerwetter«, staunte Joschi. »Fliegen essen,
das ist mutig.«

Ob er der richtige Junge für gemeinsame Abenteuer war? Das musste Joschi herausfinden.

»He«, rief er. »Du da im Garten! Möchtest du mein Freund sein? Du musst nur drei Mutproben bestehen, dann ist alles geritzt!«

Der Junge drehte sich um und entdeckte Joschi auf der Terrasse. Er lachte und winkte ihm zu. »Warum nicht?« Der Junge hüpfte über die kleine Hecke zwischen den beiden Grundstücken und streckte Joschi seine Hand entgegen. »Übrigens, ich bin Lorenzo.«

Joschi hatte jetzt nur noch seine Mutproben im Kopf und wollte sofort loslegen.

»Traust du dich, mit dem Roller durch eine Brennnesselwiese zu fahren?«, platzte es aus ihm heraus.

»Klar!«, antwortete Lorenzo.

Und so trafen sie sich eine halbe Stunde später auf dem Hügel hinter ihren Häusern. Joschis Roller war blau. Lorenzo hatte seinen grünen Roller und seinen Dino-Rucksack mitgebracht. Jetzt standen die Jungen nebeneinander an der Startlinie und schauten hinunter auf die buckelige Piste, die vor ihnen lag.

»Du zuerst!«, rief Lorenzo. »Der Apfelbaum ist unser Ziel!«

Joschi kniff die Augen zusammen.

Los ging die Fahrt! Erst kam das Gras. Dann kamen Steine. Dann die Brennnesseln. Sie wuchsen dicht und hoch. Wie das brannte! Schneller und schneller stieß Joschi sich mit seinem Bein ab. Dann hatte er es geschafft, er war am Ziel und blickte auf seine Hände und Beine. Sie waren voller roter Pusteln. Es juckte überall, aber Joschi ließ sich nichts anmerken.

»Halb so wild«, rief er zu Lorenzo den Hügel hinauf.

Lorenzo machte sich bereit. Bevor er auf seinen grünen Roller stieg, holte er etwas aus seinem Dino-Rucksack. Ganz locker rollte Lorenzo den Hügel hinab. An den Händen trug er dicke Winterfäustlinge und seine Beine steckten in einer langen Hose.

Joschi war ein bisschen sauer, dass er nicht selbst auf die Idee mit den Handschuhen gekommen war.

»Und, habe ich den Test bestanden?«, fragte Lorenzo gespannt.

»Abwarten«, murmelte Joschi.

Am nächsten Tag gingen sie zusammen ins Schwimmbad. Joschi und Lorenzo legten ihre Handtücher nebeneinander auf das warme Pflaster vor dem Springerbecken. Lorenzo trug eine coole Sonnenbrille mit schwarzen Gläsern.

»Traust du dich, vom Einer zu springen?«, fragte Joschi.

Lorenzo nahm die Sonnenbrille ab und stieg die drei Stufen hoch zum Sprungbrett, dann ging er acht Schritte geradeaus und wippte. Vorsichtig schaute er in die Tiefe. Eine Minute und noch eine Minute vergingen, dann schüttelte Lorenzo den Kopf. »Ich trau mich nicht!« Er drehte sich um und marschierte wieder nach unten.

Für Joschi war es ein Klacks, vom Einer zu springen. Mit einem eleganten Kopfsprung landete er im Wasser.

Lorenzo klatschte. »Toll! Bringst du mir bei, wie das geht?«

Joschi dachte nach. Er wollte Lorenzo wirklich gerne zum Freund haben, weil er so lustig und nett war. Doch er hatte noch nicht alle Mutproben bestanden. Dann hatte Joschi die Lösung: Er musste die dritte Mutprobe ganz leicht machen.

»Wir fahren in der Dämmerung durch den Park, ja?«, schlug Joschi vor.

»Bin dabei«, sagte Lorenzo und nickte.

Abends nach ihrem Schwimmbadbesuch sausten sie los in den Park. Plötzlich blieb Joschi stehen. Mitten auf dem Weg stand ein dicker schwarzer Hund! Er starrte die Jungs mit großen Augen an und hechelte. Joschi warf den Roller weg. Vor Hunden hatte er Angst! Große Angst!

Lorenzo bremste auch. Aber ganz vorsichtig. Er ging langsam auf den Vierbeiner zu und redete leise mit ihm. Dem schien das zu gefallen. Der Hund setzte sich auf sein struppiges Hinterteil und schaute Lorenzo treuherzig an. Lorenzo gab Joschi ein Zeichen. Das hieß: Fahr los! Joschi griff nach dem Lenker seines Rollers. Oje, wie der Kies knirschte! Doch der Hund schaute nur auf Lorenzo.

Und schon war Joschi auf seinem Roller vorbeigerollt. Er hatte
es geschafft!

Nun stieg Lorenzo auf den Roller. Der Hund blieb brav sitzen und
wedelte zum Abschied sogar mit dem Schwanz.

Zu Hause sagte Joschi zu Lorenzo: »Donnerwetter, das war mutig!«

Lorenzo lachte. »Dann hab ich den Test also bestanden?«

»Klar«, nickte Joschi. »Ich war ja diesmal der Angsthase!«

»Aber das macht doch nichts«, Lorenzo schüttelte seine schwarzen
Locken. »Man kann eben nicht immer mutig sein, oder? Wir machen es
so: Ich bringe dir bei, wie man mit Hunden spricht, und du zeigst mir,
wie man vom Einer springt. Abgemacht?«

Da hüpfte Joschi vor Freude in die Luft. »Abgemacht«, rief er.
Und strahlte dabei von einem Ohr zum anderen.

Muss man immer mutig sein?

Julians neuer Freund

Eine Geschichte von Julia Breitenöder
Mit Bildern von Nina Hammerle

Julian packt die letzte Schippe Sand auf die Burg und klopft sie fest. Dieser Urlaub ist so langweilig! Zu Hause könnte er mit Ben um die Häuser radeln oder mit Kai Fußball spielen. Aber Mama und Papa wollten ja unbedingt nach Frankreich, an den Strand. Hier versteht er niemanden und man kann nur buddeln. Sieben große Sandburgen stehen in einer Reihe. Julian guckt zu Mama und Papa. Die liegen platt wie Flundern in der Sonne und entspannen sich. Ob sie damit irgendwann mal fertig werden?

»Spielt ihr mit mir?«, fragt Julian bestimmt zum zwanzigsten Mal heute. Zum fünfhundertsten Mal diese Woche. Zum millionsten Mal in diesem Urlaub.

»Später, mein Schatz. Lass uns noch ein paar Minuten entspannen«, murmelt Mama und rückt ihre Sonnenbrille zurecht.

Papa nuschelt irgendwas in sein Buch. Gut, dann eben eine achte Burg.

»Ich geh Wasser holen«, sagt Julian, nimmt seinen roten Eimer und trabt los. Vorbei an ganz vielen Erwachsenen, die sich entspannen. An spielenden Kindern. Und an einem Jungen, der allein zwischen vier Sandburgen sitzt. Julian bremst und guckt. Der Junge hört auf zu graben und guckt auch. Julian grinst. Der Junge grinst zurück. »Hallo«, sagt Julian. Der Junge legt den Kopf schief und antwortet: »Salü!« Hmmm. Was mag das heißen? Bevor Julian fragen kann, hebt die entspannte Frau neben den Burgen den Kopf und sagt irgendwas, das mit »Schüljä« anfängt, vom Rest versteht Julian kein Wort. Der Junge zieht eine Grimasse, winkt zum Abschied und läuft davon.

Julian zuckt mit den Schultern. Dann spielt er eben weiter allein. Er geht zum Meer, lässt die kleinen Wellen über seine Füße kitzeln und füllt den Eimer. Dann schlendert er zurück zu Mama und Papa, kippt das Wasser in den Sand und fängt an, allerbesten Burgenbauzement zu matschen.

Die Mauern der achten Burg sind fast fertig, nur an einer Ecke rutscht der Sand immer wieder ab. Auf einmal stehen zwei Füße neben der Burg. Julian sieht hoch. Der Junge von vorhin. Er schleckt ein Eis, trägt zwei Becher mit Eiskugeln in der Hand und guckt.

Dann zeigt er auf die abbröckelnde Ecke, stellt die Eisbecher ab und hockt sich neben Julian. Julian schaufelt, der Junge klopft den Sand fest, und in null Komma nichts ist die Mauer fertig.

Der Junge zeigt auf sich. »Schüljä«, sagt er. Dann deutet er auf Julian.

»Julian«, murmelt Julian. Der Junge grinst.

»Schüljä!«, schallt es laut über den Strand. Der Junge guckt erschrocken auf die beiden Becher. Das Eis ist schon ganz matschig. Er schnappt es sich und rennt los. »A demä!«, ruft er noch.

»Wer war das?«, fragt Mama und hebt den Kopf.

»Schüljä«, sagt Julian. »Er hat mit mir gebaut. Aber ich verstehe ihn nicht.«

»Das ist ja lustig. Er heißt genau wie du. Auf Französisch bedeutet Julian ›Schüljä‹, aber es wird J u l i e n geschrieben. Also bis auf den Buchstaben ›e‹ genau wie dein Name. Und ›A demä‹ ist auch Französisch und bedeutet ›bis morgen‹«, erklärt Mama.

Zum ersten Mal in diesem Urlaub freut Julian sich auf den nächsten Strandtag.

Am nächsten Vormittag ist Schüljä schon da, als Julian mit Mama und Papa ankommt. Sie breiten ihre Strandmatten ganz in der Nähe aus. Julian nimmt Schippe und Eimer, auch Schüljä greift nach seiner Schaufel. Gemeinsam ritzen sie den Grundriss einer riesigen Burg in den Sand, dann wird gebuddelt. Reden müssen sie nicht viel. Und wenn doch, macht es nichts, dass sie die Worte des anderen nicht verstehen. Mit Händen und Füßen verständigen sie sich. Und am Abend weiß Julian, dass ›ün glass‹ ein Eis ist und ›lo‹ das Wasser. Dafür hat er Schüljä auch ein paar deutsche Wörter beigebracht.

Als sie ihre Sachen zusammenpacken, guckt Julian Schüljä an. »A demä?«, fragt er. Sein neuer Freund lacht und nickt.

»Schade, dass ich Schüljä nicht schon früher getroffen habe«, sagt Julian später zu seiner Mutter. »Von mir aus können wir jetzt noch mal drei Wochen hierbleiben.«

Kann man miteinander befreundet sein, auch wenn man nicht die gleiche Sprache spricht?

Fußball im Weltall

Eine Geschichte von Christian Tielmann
Mit Bildern von Stephan Pricken

Tom war ein außergewöhnlicher Tiger. Er lebte mit seinen Eltern, dem großen Tiger Theodor und der kleinen Tigerin Thea, am Fluss in einer schönen Tigerhöhle. Jeden Morgen sprang Tom Tiger in seine blauen Fußballschuhe. Denn Blau war seine Lieblingsfarbe. Und Fußball war sein Lieblingsspiel. Tom war wirklich kein gewöhnlicher Tiger.

»Warum hat der Junge nur Fußball im Kopf?«, fragte seine Mutter, wenn Tom mal wieder mit seinem Fußball alle Möbel der Höhle zerdepperte.

»Er ist eben ein Tiger und keine Schnecke«, sagte Papa Tiger. Er ruderte den kleinen Tom jeden Tag über den Fluss zum Fußballfeld. Einmal spielte der kleine Tiger Tom so lange mit seinen Freunden Fußball, dass die Sonne schon untergegangen war, als Papa ihn zurück über den Fluss nach Hause ruderte. Aber an diesem Tag wollte Tom Tiger noch nicht zurück in die Höhle. Er wollte weiter Fußball spielen. Aber wo?

Der Fußballplatz war stockfinster, denn der Mond ging gerade erst über dem Fluss auf.

»Bist du ein Tiger oder eine Schnecke?«, fragte Tom Tiger seinen Papa, als sie die Mitte des Flusses erreicht hatten.

»Natürlich ein Tiger!«, sagte sein Vater stolz.

»Wenn du ein Tiger bist, dann schaffst du es doch bestimmt, uns da rauf zu dem großen weißen Fußball zu rudern, oder?«, fragte Tom Tiger und zeigte auf den Mond. Denn da oben, auf diesem großen Fußball, war es noch hell und bestimmt gab es da auch Platz zum Fußballspielen. »Oder ist das etwa zu weit für einen Tiger?«

»Natürlich nicht!«, sagte Papa Tiger und legte sich ins Zeug. Er ruderte mit aller Tigerkraft in Richtung des Mondes. Der Mond wollte den zwei Tigern helfen und schickte einen kleinen Zauberstrahl mit seinem Licht auf die Erde. Auf diesem Zauberstrahl konnte das Boot der beiden Tiger tatsächlich fahren. Es war, als würden sie auf dem Fluss rudern, aber es platschte nicht mehr, wenn Papa Tiger die Ruder durchzog. So wurden sie höher und höher getragen und der Tiger kriegte fast schon Muskelkater, als sie den Mond endlich erreichten.

»Super! Spitze! Klasse!«, jubelte der kleine Tiger Tom, als sie auf dem Mond gelandet waren. Hier gab es jede Menge Platz zum Kicken und das Licht war auch noch an.

Papa steckte die beiden Ruder als Torpfosten in den Mondstaub.

»Wir machen Elfmeterschießen«, sagte Tom Tiger.

Papa nickte. Er war der Torwart. Tom Tiger legte sich den Ball zurecht, nahm Anlauf und schoss.

Aber auf dem Mond fliegen Bälle eben etwas weiter als auf der Erde, weil die Anziehungskraft nicht so groß ist. Das hatte Tom Tiger nicht gewusst. Er schoss viel zu fest und der Ball sauste weit über das Tor in den schwarzen Himmel des Mondes, landete auf dem Zauberstrahl und kullerte runter auf den blauen Planeten zu.

»Mein Ball! Mein Ball!«, rief Tom Tiger.

Da erst sah er die große blaue Kugel am anderen Ende des Zauberstrahls.

»Wow!«, rief er. »Was ist das denn für ein großer blauer Fußball? Können wir dahin?«

Papa Tiger grinste. »Na klar, können wir. Aber wenn wir da sind, geht es ab ins Bett!«

»Logisch, versprochen, geht klar!«, sagte Tom Tiger. Er wusste nicht, dass die Erde vom Weltall betrachtet blau aussieht. Er dachte, dass das ein riesiger blauer Fußball sein müsste.

Sie schnappten sich ihr Boot und die Ruder und fuhren auf dem Zauberstrahl zurück auf die Erde. Als sie auf dem Fluss landeten, schwappte ein Fußball mit einer Welle ins Boot.

»Juhu, mein Ball!«, freute sich der kleine Tiger Tom. Dann sah er sich um. Hier gab es eine Höhle, in der eine Tiger-Mama nach einem großen und einem kleinen Tiger Ausschau hielt. Und es gab auf der anderen Seite des Flusses einen Fußballplatz, der vom Mondlicht beschienen wurde.

»Spitze. Klasse. Spitzenklasse!«, freute sich Tiger Tom. »Hier bleiben wir jetzt für immer.«

Denn Blau war seine Lieblingsfarbe. Und Fußball war sein Lieblingsspiel. Was also konnte es für einen Tiger wie Tom Besseres geben als ein Leben auf dem großen blauen Fußball?

Wo würdest du gerne mal Fußball spielen?

Kuno unsichtbar

Eine Geschichte von Julia Breitenöder
Mit Bildern von Nina Hammerle

Mama macht hastig die Tür auf und steckt ihren Kopf in Jans Zimmer. »Jan, beeil dich, sonst kommen wir gleich am ersten Tag zu spät!«, ruft sie ihm zu.

Jan sitzt auf dem Bett und macht einen Knoten in seine Socken. »Ich hab aber keine Lust«, murmelt er.

»Keine Lust gibt's nicht, du Pflaume!«, ruft Kuno. Er wartet ungeduldig an der Tür, bis Jan endlich die Socken entknotet und angezogen hat. »Ein neuer Kindergarten, das ist so aufregend!«

»Geh du doch hin«, brummt Jan.

»Wer zuerst am Tisch sitzt, gewinnt!«, schreit Kuno und rutscht das Treppengeländer hinunter. Jan tappt hinterher. In der Küche steht Kuno neben dem Tisch.

»Mama! Du hast wieder nicht für Kuno gedeckt!«, schimpft Jan.

Mama verdreht die Augen. »Wir sind spät dran, da kann ich nicht

auch noch für irgendwelche ausgedachten Kunos das Frühstück vorbereiten!«

Ausgedachte Kunos? Kuno schnauft empört.

»Kuno ist nicht ausgedacht«, sagt Jan. »Nur unsichtbar.« Er holt einen Teller aus dem Schrank.

»Reg dich nicht auf. Du weißt doch, dass mich Erwachsene nicht sehen können«, sagt Kuno. Jan nickt. Und ist unendlich froh, dass er Kuno sehen kann. Gleich am ersten Tag hier im neuen Haus ist er plötzlich aufgetaucht. Jan war so traurig, weil die alte Wohnung, der alte Kindergarten und vor allem Ole und Tamme jetzt so weit weg waren und er sie bestimmt nie mehr wiedersehen würde. Und Mama und Papa keine Zeit für ihn hatten, weil sie so viel renovieren mussten und Möbel kaufen. Doch dann war Kuno plötzlich da und es ging Jan direkt besser. Kuno hat mit ihm gespielt, geholfen, die Umzugskisten leer zu räumen, und wohnt seitdem sogar bei Jan im Zimmer. Er hat sich in Jans Kleiderschrank ein gemütliches Bett gebaut. Jeden Morgen streckt er seinen Kopf aus dem Schrank und fragt: »Na, was machen wir heute?« Wenn Jan keine Idee hat, fällt Kuno immer etwas ein.

»Aber in den Kindergarten kommt Kuno nicht mit, oder?«, fragt Mama.

»Doch. Da freut er sich schon drauf«, sagt Jan.

»Und du? Freust du dich auch?«, will Mama wissen.

Jan beißt sich auf die Lippe. Er schüttelt den Kopf. »Hier ist alles blöd!«

Mama seufzt und Kuno schimpft: »Feige Pflaume! Warte doch mal ab!«

Das will Jan nicht auf sich sitzen lassen. Er schluckt den dicken Kloß im Hals runter und steht auf.

»So, jetzt aber los, sonst kommen wir zu spät!«

Aussehen tut der Kindergarten ja gut. Es gibt einen großen Garten mit Sandkasten, Schaukeln und Klettergerüst.

»Hallo, Jan. Ich bin Moni«, stellt sich die Erzieherin vor. »Wir freuen uns, dass du bei uns bist.«

Jan freut sich nicht, kein bisschen. Und jetzt ist auch noch Kuno verschwunden!

»Kuno? Kuno, wo bist du?«

Moni schaut verdutzt. »Wer ist Kuno?«

»Mein Freund«, murmelt Jan.

»Sein unsichtbarer Freund«, erklärt Mama und sieht aus, als wäre ihr das wahnsinnig peinlich.

»Oh. So ein unsichtbarer Freund ist eine feine Sache«, sagt Moni. »Aber sicher findest du hier noch andere Freunde.«

Kuno winkt aus dem Turnraum. Er ist einfach vorgelaufen! Die meisten Kinder haben sich schon für den Morgenkreis hingesetzt. Jan schlüpft auf den Platz neben Kuno und schimpft leise: »Du darfst nicht einfach weglaufen!«

»Mit wem redest du?«, fragt der Junge, der auf der anderen Seite von Kuno sitzt.

»Mit meinem Freund«, flüstert Jan. »Pass bloß auf, dass du dich nicht auf ihn draufsetzt.« Er funkelt den Jungen wütend an.

Nach dem Morgenkreis gehen alle in den Garten. Jan bleibt am Zaun stehen, aber Kuno zieht ihn hinter sich her. »Los, wir malen mit Kreide!«

Jan nimmt die Kreide und Kuno rät, was er malt.

»Darf ich mitspielen?« Neben ihnen steht der Junge aus dem Morgenkreis.

Jan schüttelt den Kopf.

»Doch!«, ruft Kuno. »Zu dritt macht's mehr Spaß!«

»Na gut«, brummt Jan.

»Frag ihn, wie er heißt!«, flüstert Kuno.

»Wie heißt du?«, fragt Jan.

»Bruno«, sagt der Junge. Lustig, das klingt ja fast wie Kuno!

Bruno kann richtig gut malen. Und nicht nur das. Beim Fußball

ist er ein echter Torjäger. Auch Jan spielt eigentlich für sein Leben gern Fußball, trotzdem will er erst nicht mitmachen, aber Bruno zerrt ihn einfach hinterher. »Warum willst du allein in der Ecke hocken? Komm, du bist jetzt in meiner Mannschaft.«

Jan dreht sich um. Kuno sitzt auf einer Bank. Er winkt und ruft: »Ich warte hier auf dich, viel Spaß!«

Na gut. Wenn Kuno wartet, kann Jan ruhig mit Bruno Fußball spielen. Und die anderen Kinder kennenlernen. Jan läuft aufs Feld und ist direkt im Spiel. Schon spielt Bruno ihm den Ball zu. Jan schießt aufs Tor – und trifft! Bruno klopft ihm auf die Schulter. Kuno jubelt ihm von der Bank aus zu und Jan ist plötzlich ganz froh, heute Morgen doch mit in den neuen Kindergarten gegangen zu sein.

Wieso möchte Jan nicht in den neuen Kindergarten?

Der Mondkindergarten

Eine Geschichte von Christian Tielmann
Mit Bildern von Stephan Pricken

Der Mann im Mond und die Frau im Mond waren glücklich: Sie hatten einen ganz reizenden Sohn, lebten auf einem ruhigen Mond, es war der, der zur Erde gehört, und konnten jeden Tag nach Herzenslust Staub wischen. Sie liebten nichts mehr, als Staub zu wischen, denn Mondstaub funkelt so schön in der Sonne.

Nur Moritz, ihr Sohn, fand das Leben auf dem Mond nicht so toll.

»Was machen wir denn heute?«, fragte er montags.

»Wie wär's mit Staub wischen?«, schlug sein Vater vor.

»Was machen wir denn heute?«, fragte Moritz dienstags.

»Wir müssen erst noch Staub wischen«, sagte seine Mutter. »Dann können wir ... Staub wischen. Oder kennst du etwas Besseres?«

So ging das jeden Tag: Montag, Dienstag, Mittwoch, Donnerstag, Freitag und sogar an jedem Samstag wollten Mondpapa und Mondmama Staub wischen. Nur sonntags nicht. Da wollten sie einfach nur faul

herumliegen und nichts weiter tun, als sich zu sonnen. (Denn dafür war der Sonntag gedacht.)

»Es heißt ja auch Sonntag und nicht Staubtag«, sagte der Mondpapa.

»Ach so«, seufzte Moritz. Er fand das Leben als Mondjunge total langweilig. Aber etwas Besseres kannte er nicht.

Eines Montags fand Moritz in einem Krater auf der Rückseite des Mondes Papas altes Mondfahrrad. Das war ein tolles Ding, mit dem Papa früher durch das Sonnensystem geflogen war. Moritz probierte das Mondfahrrad gleich mal aus und drehte ein paar Runden um den Mond. Damit konnte er tatsächlich fliegen.

»Hej, das macht Spaß«, rief er seinen Eltern zu.

Doch die waren mal wieder ganz und gar mit Staubwischen beschäftigt.

»Darf ich ein bisschen rumfliegen?«, fragte Moritz.

»Hmm? Ja, klar, aber nicht außerhalb des Sonnensystems und zum Abendessen bist du bitte wieder da«, sagte sein Papa.

Das ließ sich Moritz natürlich nicht zweimal sagen. Er trat kräftig in die Pedale und flog durch das All wie ein Komet. Wäre doch gelacht,

wenn er nicht etwas fände, das besser war, als Staub zu wischen. Er wollte andere Mondkinder treffen, die wussten bestimmt, was man noch so machen konnte.

Er flog zum Merkur, aber der hat keinen Mond.

Er flog zur Venus, aber die hat auch keinen Mond.

Er flog zur Erde, aber nein, von deren Mond kam er ja. Da winkten ihm nur seine Eltern mit ihren Staubtüchern zu.

Also flog er weiter zum Mars. Der hatte sogar zwei Monde. Auf dem einen wohnte eine Mondfrau. Auf dem anderen wohnte ein Mondmann. Getrennt.

»Habt ihr keine Kinder?«, fragte Moritz.

»Doch, doch, aber die sind im Mondkindergarten«, sagte der Mondmann vom Mars.

»Wo ist denn der Mondkindergarten?«, fragte Moritz. Das klang ja sehr interessant.

»Immer geradeaus«, sagte der Marsmondmann. Super, dachte Moritz und trat in die Pedale. Er flog weiter von der Sonne weg. Irgendwann musste ja noch ein Planet kommen. Und tatsächlich kam da einer. Und was für einer. Ein Planet, so riesengroß und schwer, dass Moritz fast vom Rad gefallen wäre. Das musste der Jupiter sein. Und der hatte nicht ein, zwei Monde, nein, es waren 67 oder mehr!

Schon von weitem konnte Moritz das Geschrei und das Lachen der

vielen Mondkinder hören. Die flogen auf Mondrollern, Mondrädern und Mondautos kreuz und quer durch die Gegend.

»Hej, da kommt ein Neuer!«, rief ein Mädchen, das auf einem Dreirad um zwei Monde herumdüste. »Wie heißt du denn?«

»Moritz.

»Lustiger Name«, sagte das Mädchen. »Ich heiße Mondnika.« Sie grinste. »Komm, ich zeig dir alles!«, sagte Mondnika. »Du musst dich beim alten Mombert anmelden, aber der ist total nett.« Sie sauste zum größten Jupitermond. Hier gab es eine Küche, in der alle Mondkinder essen konnten. Jede Menge Spielzeug, ein Klettergerüst und eine Rutsche, einen Krater voller Betten für die Mittagsruhe, eine Mondfahrradwerkstatt und den alten, alten Mondmann Mombert. Der saß an einem Schreibtisch und guckte ganz freundlich aus seinen drei braunen Augen.

»Hallo, ich bin Moritz vom Erdmond.«

»Schön, dass du da bist, Moritz«, sagte der alte Mann. »Ich habe schon auf dich gewartet. Deine Eltern waren früher auch hier im Mondkindergarten«, erzählte der alte Mombert und lächelte. »Sie haben sich hier kennengelernt. Zwei verrückte Kinder waren das. Sie spielten immer nur Staubwischen und freuten sich, wenn der Staub schön im Licht der Sonne funkelte.«

Moritz seufzte. Das waren eindeutig seine Eltern.

»Du kannst hier jeden Tag herkommen und spielen, wenn du magst«, sagte der alte Mombert. »Und am Abend fliegst du einfach wieder nach Hause. Einverstanden?«

»Natürlich kommt Moritz jetzt jeden Tag!«, rief Mondnika. »Los, du bist dran, wir spielen Fangen!«

»Fangen? Wie geht das denn?«, fragte Moritz. Denn er kannte ja nur Staubwischen.

»Du musst versuchen mich zu kriegen!« Mondnika sauste mit ihrem Dreirad los.

Moritz flitzte hinterher. Das Spiel fand er super. Und tausendmal besser als diese ewige Staubwischerei.

Was magst du an deinem Kindergarten?

Der Astronaut mit der goldenen Unterhose

Eine Geschichte von Christian Tielmann
Mit Bildern von Stephan Pricken

Commander Ulf war ein Astronaut. Er lebte auf dem schönen Planeten Klumpatsch, auf dem die Sonne niemals unterging. Klumpatsch kreiste nämlich nicht um eine Sonne – er eierte um drei Sonnen. Eine rote, eine gelbe und eine grüne. Jedes Jahr fand auf Klumpatsch das große Sonnenrennen statt. Jeder, der ein Raumschiff und einen Roboter als Co-Piloten hatte, durfte mitfahren. Der Gewinner war derjenige, der am schnellsten um die drei Sonnen fliegen konnte. Commander Ulf nahm natürlich auch am Rennen teil, denn er liebte Wettrennen. Nur hatte er nicht gerade große Chancen zu gewinnen. Sein Raumschiff war schon ziemlich alt und sein Roboter hatte einen Sprachfehler.

Deswegen machten sich die anderen Astronauten über Commander Ulf lustig. Aber nicht nur deswegen, zu allem Übel war Ulfs liebstes

Kleidungsstück auch noch eine goldene Unterhose. Ruben hänselte Ulf immer am lautesten: »Du hast ein buckliges Raumschiff, den dümmsten Roboter und eine goldene Unterhose! Das gibt doch nie was!«

Aber Commander Ulf fand goldene Unterhosen schön, seinen Roboter nett und sein Raumschiff war zwar langsam und bucklig, aber dafür stark und gemütlich.

Kurz vor dem Start des Rennens kletterten alle Astronauten in ihre Raumschiffe.

Elektrofux, der Roboter von Ulf, sagte blechern: »Klarstart. Karete zünden, bitte.«

Roboter Elektrofux verdrehte manchmal ein paar Wörter, weil er einen kleinen Dachschaden hatte. Er sagte »Klarstart« statt »Startklar« und »Karete« statt »Rakete«. Aber ansonsten war der Elektrofux ein prima Kerl.

Die Schiedsrichter gaben endlich das Startzeichen und schon schossen die zwanzig Raumschiffe ins All. Vorneweg flogen Ruben und die anderen in ihren schicken Renn-Raumschiffen. Dann kam lange nichts und ganz

zuletzt folgte noch ein kleines, altes, buckliges Raumschiff: das von Commander Ulf.

Die Astronauten mussten so schnell wie möglich erst die rote, dann die gelbe und ganz zum Schluss die grüne Sonne umfliegen. Die erste Sonne war heiß, die zweite Sonne war groß und die dritte, die grüne Sonne, war eine Springsonne. Wenn diese Sonne sprang, dann war nichts in ihrer Nähe mehr sicher. Das wusste niemand so gut wie Elektrofux, der Roboter. Denn er hatte seinen Dachschaden von einem solchen Sprung der grünen Sonne.

Eigentlich konnte man die Sprünge der Sonne nicht voraussagen. Doch seit dem Unfall hatte der Roboter Elektrofux die grüne Sonne studiert wie kein Zweiter. Das war gut für Commander Ulf, der weit hinter den anderen Raumschiffen zurücklag. Denn plötzlich sagte Roboter Elektrofux: »Wir weginnen.«

Weginnen-gewinnen, übersetzte Commander Ulf. Aber das glaubte er nicht. Er glaubte eher, dass bei seinem Roboter ein paar Sicherungen durchgebrannt und einige Schrauben ziemlich locker waren.

Doch da schwankte das kleine gemütliche Raumschiff und der Elektrofux lachte: »Das war die süne Gronne!«

Tatsächlich war die grüne Sonne gehüpft, und zwar genau in dem Augenblick, als alle anderen Raumschiffe ganz nah um sie herumgeflogen waren. Die Raumschiffe wurden tüchtig durcheinandergewirbelt, die Roboter, die nicht angeschnallt waren, stießen sich die Köpfe, dass es nur so rumste, und die Raumschiffe krachten so heftig gegeneinander, dass die Triebwerke ausfielen, die Raketen abfielen und einige der Astronauten vor Schreck umfielen.

Commander Ulf flog langsam zu dem Raumschiff-Haufen neben der grünen Sonne und hielt an. Niemand war verletzt, aber keins der Raumschiffe konnte mehr ohne Hilfe zurück nach Klumpatsch fliegen.

»Ich kann euch abschleppen«, sagte Commander Ulf.

»Und was sollen wir als Abschleppseil benutzen?«, fragte Ruben.

»Nehmt die Zaumanrüge«, sagte der Roboter Elektrofux. »Die neißen richt.«

»Was faselt dein Schrotthaufen?«, fragte Ruben.

»Wir sollen unsere Raumanzüge nehmen, denn die reißen nicht«, übersetzte Ulf und zog seinen Raumanzug aus.

Auch die anderen Astronauten stiegen aus ihren Raumanzügen und ließen sich von ihren Robotern daraus schöne Abschleppseile drehen. Mit denen knoteten die Astronauten ihre Raumschiffe aneinander. Ganz vorne war das langsame, aber starke Raumschiff von Commander Ulf und hinter ihm eine lange Reihe aneinandergebundener Raumschiffe. In jedem davon saß ein Astronaut in seiner Unterhose.

»Wir haben gewonnen!«, freute sich Commander Ulf, als er auf Klumpatsch landete. Und er hatte nicht nur gewonnen, er war auch der Einzige, der mit einer schicken goldenen Unterhose auf dem Siegertreppchen stand.

»Hau-coole Sose«, sagte Elektrofux.

Commander Ulf lachte. »Stimmt. Ich hab eine sau-coole Hose.«

Welchen Wettbewerb würdest du gerne gewinnen?

Emil, das vergessliche Eichhörnchen

Eine Geschichte von Julia Breitenöder
Mit Bildern von Caroline Petersen

Eichhörnchen Emil hat heute viel zu tun. Es flitzt im Garten hin und her, schnuppert hier und gräbt da.

Die kleine Meise wundert sich. »Was wird das, wenn es fertig ist?«, zwitschert sie.

Emil hebt eine Nuss hoch. »Ich lege Wintervorräte an«, sagt er.

Die Meise piepst: »Was ist das?«

Emil lässt die Nuss fallen. »Äh ... also ... das ist ...« Er kratzt sich am Kopf. »Das weiß ich auch nicht so genau. Aber meine Mama hat gesagt, es ist wichtig. Ich soll überall Essen vergraben, damit ich genug habe, wenn es Winter wird und schneit.«

»Schneit?«, zwitschert die Meise.

»Dann ist hier alles weiß. Und es wächst nichts mehr«, erklärt Emil.

Das kann die Meise sich nicht vorstellen. »Alles weiß? Da hast du sicher etwas falsch verstanden«, piepst sie und flattert davon.

Emil zieht die Nase kraus. »Aber Mama hat es gesagt! Dann findet keiner mehr Essen. Deshalb muss ich mir gut merken, wo ich das Futter verstecke. Zum Beispiel hier, neben diesem schönen Grasbüschel!« Schnell verbuddelt er seine Nuss.

Aber in den nächsten Wochen wird der Garten nicht weiß. Emil hat schon fast vergessen, dass er Wintervorräte angelegt hat, als eines Morgens ein eisiger Wind durch das Eingangsloch in seinen Kobel pfeift.

Emil schlüpft nach draußen – und erstarrt.

Der Garten ist weiß! Eine weiße Decke liegt auf Blumen, Büschen, Gras und Erde. Die Bäume tragen weiße Kappen. Sogar auf der Spitze seines Astes liegt ein Fleckchen Weiß! Vorsichtig hüpft Emil über den Stamm, aber bevor er das Zeug berühren kann, rieselt es lautlos zwischen den Zweigen zu Boden.

»Das muss der Winter sein!«, ruft Emil. »Es hat geschneit!«

Er saust den Baumstamm hinab und tippt die weiße Decke an. Ui, ist das kalt! Mit Schwung springt Emil auf den Boden – und versinkt bis zum Hals in dem weißen Zeug. Ein Sprung nach vorne, weiße Flocken wirbeln. Das ist lustig! Emil tollt durch den Garten, auf den Bäumen und bringt die Äste zum Wippen.

Am liebsten würde er ewig so weitertoben, aber irgendwann wird er müde. Und sehr hungrig.

»Zum Glück habe ich Vorräte vergraben!«, freut Emil sich. Er beginnt zu buddeln. Tatsächlich ist unter dem Schnee Gras. Der Boden ist ganz hart. Emil kratzt und schabt mit seinen Krallen über die gefrorene Erde. Endlich hat er eine Grube gegraben. Aber da ist keine Nuss und keine Eichel!

»Ich muss woanders suchen!« Emil buddelt ein Stück weiter links. Er findet ein grünes Förmchen aus der Sandkiste. Aber nichts zu essen.

»Wo habe ich mein Futter vergraben?« Emil guckt sich um. »Ha, jetzt weiß ich es! Neben dem Grasbüschel!« Nur wo ist das Grasbüschel? Vielleicht unter einem kleinen Schneeberg? Entschlossen macht sich Emil auf die Suche.

Unter dem ersten Hügel liegt ein Haufen trockener Blätter. Und darunter schnarcht ein Igel.

»Oh, Entschuldigung«, murmelt Emil und versucht sein Glück am nächsten Berg. Da buddelt er einen nassen Handschuh aus. Unter dem Nachbarhügel liegt ein alter Schlüsselbund.

»Davon kann ich nichts essen!«, jammert Emil. »Wo ist mein Futter? Ich habe

Huuuunger!«

Da steckt eine Maus die Nase aus dem Schnee. »Wer brüllt denn hier so?«

Emil seufzt. »Ich habe Hunger und finde mein Futter nicht.«

Die Maus trippelt näher. »Ach, du bist das! Das Eichhörnchen! Du hast doch im Herbst lauter Nüsse und Eicheln in die Erde gesteckt und meine Gänge verstopft. Immer musste ich wegen dir neue graben!«

Emil lässt den Kopf hängen. »Das tut mir leid.« Plötzlich fällt ihm etwas ein: »Hast du etwa meine Vorräte aufgefuttert? Dann ist es ja kein Wunder, dass ich nichts mehr finde!« Empört hüpft er durch den Schnee.

Die Maus schüttelt den Kopf. »Hab ich nicht. Du musst dich beruhigen und überlegen, wo genau du gegraben hast.«

Emil schimpft: »Das geht nicht! Es ist alles viel zu weiß!«

»Ich helfe dir«, sagt die Maus. »Was suchst du denn?«

»Ein großes, dickes Grasbüschel«, erklärt Emil.

Die Maus kratzt sich am Kopf. »Das ist in der Tat schwierig. Was war denn neben dem Grasbüschel?«

Emil überlegt. »Rote Blumen.«

»Die sind auch zugedeckt. Was war neben den Blumen?«, fragt die Maus weiter.

»Der Apfelbaum!«, ruft Emil. »Ich weiß, wo der ist!« Er hüpft zu dem schneebedeckten Baum, schnuppert im Schnee herum und beginnt zu graben.

»Da ist meine Nuss!«, jubelt er und tanzt mit seinem Fund im Kreis.

Die Maus trippelt auch zum Apfelbaum. »Siehst du, es ist gar nicht so schwer. Du musst dich nur an große Sachen erinnern, die nicht im Schnee verschwinden.«

Gemeinsam suchen sie weiter. Sie finden drei Nüsse und zwei Eicheln. Emil teilt alles mit der Maus.

»Ohne dich hätte ich das Essen nie wiedergefunden. Ich danke dir! Wenn ich wieder Hunger bekomme, weiß ich jetzt, wie ich meine anderen Verstecke finden kann!«, ruft er und springt satt und zufrieden durch den Schnee.

Warum vergräbt Emil Nüsse und Eicheln?

Stacheliger Besuch

Eine Geschichte von Julia Breitenöder
Mit Bildern von Caroline Petersen

Moritz spielt in der Sandkiste. Auf einmal trippelt ein kleines graubraunes Tier an ihm vorbei.

Moritz ruft: »He! Wer bist du denn?«

Das kleine Tier bleibt stehen und schaut langsam zu dem Jungen im Sandkasten. »Hallo, ich bin Paul Piks, Gartenigel. Hast du wohl etwas zu essen für mich?«

Moritz starrt den Igel an. Der spricht ja! »Warum kannst du sprechen?«

Paul Piks schnaubt. »Warum ich sprechen kann? Jeder Igel kann sprechen! Nur normalerweise versteht ihr Menschen uns nicht. Warum kannst du mich verstehen?«

Moritz zuckt mit den Schultern. »Keine Ahnung.« Er setzt sich neben Paul. »Aber du hast Glück! Gerade gestern haben wir im Kindergarten über Igel gesprochen. Wenn du hungrig bist, kannst du keinen Winterschlaf halten, oder?«

Paul nickt. »Schlauer Junge, das stimmt. Nur große, dicke Igel machen Winterschlaf.«

Moritz ruft: »Und ich weiß auch, was du gerne isst! Schnecken zum Beispiel.«

»Leckere Schnecken!«, jubelt Paul Piks und sieht Moritz erwartungsvoll an.

»Für die ist es jetzt zu kalt«, sagt Moritz. »Du bekommst Katzenfutter. Magst du das?«

»Weiß ich nicht, ich bin ja keine Katze«, brummt Paul.

»Warte hier«, sagt Moritz und läuft ins Haus.

Im Keller findet er einen kleinen Karton und eine alte Einkaufskiste. Dann läuft Moritz schnell zu den Nachbarn und holt eine Dose Katzenfutter. In der Waschküche setzt er sich hin und baut eine Art Gehege für Paul Piks. Er nimmt die Einkaufskiste, legt sie mit Zeitungen und Blättern aus, dann stellt er den kleinen Karton hinein, in den er ein Loch als »Haustür« geschnitten hat. Der Napf mit Katzenfutter kommt in die Ecke. Stolz betrachtet Moritz sein Werk. Jetzt muss er nur noch Papa um Erlaubnis fragen. Aber wenn Moritz alles so toll vorbereitet hat, kann er ja fast nicht mehr Nein sagen. Und Moritz hat Glück, Papa findet die Idee gut und hilft Moritz, den Igel aus dem Garten in sein neues Gehege zu setzen.

Paul sieht sich um, schnuppert am Katzenfutter und fängt sofort an zu schmatzen. »Hmmm, das schmeckt! Jetzt müsst ihr mich behalten, bis ich genug Speck für den Winterschlaf angefuttert habe«, murmelt er mit dem Kopf im Futternapf.

»Mit vollem Mund spricht man nicht«, sagt Moritz.

»Mit wem redest du?«, fragt Papa.

»Mit dem Igel«, erklärt Moritz.

Papa lacht und sagt: »Ich wusste gar nicht, dass ihr im Kindergarten auch die Igelsprache gelernt habt.«

Von da an haben Moritz und seine Eltern einen neuen Mitbewohner. Pauls Lieblingsbeschäftigung ist Fressen, deshalb wächst er schnell.

Und als Paul groß und dick genug ist, muss er in ein Gehege im Garten umziehen, das weiß Moritz aus dem Kindergarten. Paul freut sich erst gar nicht über den Umzug. Er jammert: »O nein! Jetzt finde ich wieder kein Futter.« Bis er den Futternapf mit Katzenfutter entdeckt. Beruhigt erkundet er das neue Gehege, das Papa neben dem Schuppen für ihn gebaut hat.

Moritz besucht Paul Piks jeden Tag. Aber eines Abends kann er den Igel nicht finden. Das Gehege ist leer. »Papa! Paul Piks ist abgehauen!«, ruft Moritz.

Lächelnd nimmt Papa ihn in den Arm. »Nein, ist er nicht. Er hält jetzt seinen wohlverdienten Winterschlaf.«

Moritz schnieft. »Woher weißt du das?«

Papa zeigt auf das Häuschen, dessen Türöffnung mit Zeitungspapier verstopft ist. »Er hat die Tür zugemacht.«

Moritz nickt. Wenn Paul Piks nicht einfach ohne Abschied verschwunden ist, ist alles gut. Er wird einfach warten, bis der Igel im Frühjahr die Tür aufmacht. Dann können sie ihn wieder freilassen.

Er flüstert: »Schlaf gut, Paul Piks!«

Was isst Paul Piks gerne?

Käpt'n Klabauter im dampfenden Meer

Eine Geschichte von Tobias Bungter
Mit Bildern von Marion Elitez

Käpt'n Konstantin Klabauter, der weltweit gefürchtete Pirat, starrt auf die weite See hinaus und knurrt leise vor sich hin.

»Waf ift?«, fragt der lange Piet, sein Steuermann. Der lange Piet kann ein Schiff durch jedes Korallenriff steuern, aber der Buchstabe S und er werden nie gute Freunde sein.

»Wir sind«, brummt Käpt'n Konstantin Klabauter, »offenbar in einem sehr heißen Meer unterwegs. Sieh nur, das Wasser dampft.«

»Dampfendef Waffer! Daf habe ich noch nie gefehen.«

»Eben. Und nun richte einmal den Blick in die Ferne, Piet. Was siehst du da?«

»Eifberge.«

»Genau, riesige Eisberge. Sie sind noch größer als unser Schiff, die

Knarzende Karla. Wie passt denn das zusammen? Ein dampfendes Meer und Eisberge?«

»Daf pafft gar nicht zufammen.«

»Steuermann Piet, kannst du uns aus diesen unheimlichen Gewässern hinausfahren?«

Der lange Piet steckt seinen Zeigefinger erst in den Mund und dann in die Luft. »Kein Wind, Käpt'n Konftantin.«

»So ein Mist. Dann müssen wir rudern. Aber was ist, wenn die Ruder schmelzen? Dann sind wir für immer und ewig in diesem Meer gefangen.«

In diesem Moment krächzt es laut von seiner Schulter: »Der kleine Hans!«

»Ja«, murmelt der Kapitän. Papagei Quietschi hat doch immer die besten Ideen. Der kleine Hans ist dieser nichtsnutzige Junge aus der Schiffsküche, der meistens in der Hängematte liegt und Brote isst, die er von beiden Seiten mit Schokocreme beschmiert hat. Jetzt könnte er sich endlich einmal nützlich machen.

»Piet! Hol den kleinen Hans!«

»Hanf? Fofort.«

Während der lange Piet fort ist, starrt Käpt'n Konstantin weiter auf das Meer. Was, wenn in diesen dampfenden Gewässern Meeresungeheuer leben? Besonders heiße weiße Haie vielleicht? Doch schon kehrt Piet mit dem kleinen Hans zurück.

Der Kapitän blickt auf die Brotscheibe in der Hand des Jungen und schüttelt den Kopf.

»Kleiner Hans, du sollst die Schokocreme nicht immer auf beide Seiten schmieren.«

»Ich mag es aber so.«

»Aber wenn du das Brot irgendwo hinlegst, machst du alles klebrig und schmutzig.«

»Ich lege das Brot nicht hin. Ich esse es auf.«

Käpt'n Konstantin seufzt. »Pass auf, Hans. Du bist unser Freiwilliger.«

»Au ja! Zum Ausprobieren von verschiedenen Schokocremes?«

»Nein. Du sollst nachprüfen, ob das dampfende Meer, in das wir uns verirrt haben, so heiß ist, dass darin die Ruder schmelzen.«

»Was? Wieso? Und was ist, wenn *ich* schmelze?«

»Du hast leider keine Wahl, Hans. Du bist nämlich unser Freiwilliger.«

So kommt es, dass Hans langsam mit einem langen Seil von der Bordwand heruntergelassen wird.

Als er fast an der Wasseroberfläche ist, ruft er nach oben: »Das Meer riecht richtig gut nach Apfel und Zitrone.«

Hans kommt dem Wasser immer näher. Schließlich steckt er vorsichtig seine Zehen hinein.

»Oh«, quietscht er, »das ist aber schön. Bitte noch weiter runter!«

Kapitän Konstantin beugt sich über die Reling. »Ist dein Fuß schon geschmolzen?«

»Überhaupt nicht. Das Wasser ist genau richtig. Schön warm. Darf ich eine Runde schwimmen?«

»Nein«, sagt der Kapitän. »Hier könnten gefährliche Seeungeheuer leben. Schnell wieder nach oben mit dem Jungen.«

Konstantin Klabauter hat genug gesehen und Hans wird wieder an Deck gezogen. Als Belohnung für seinen Mut darf er sieben Brote mit Schokocreme auf beiden Seiten essen.

Während Hans futtert, tauchen die anderen Matrosen die Ruder in das Wasser. Die *Knarzende Karla* setzt sich in Bewegung. Immer schneller gleitet sie durch das warme Meer. Doch was ist das? Einer der Eisberge treibt auf sie zu! Der lange Piet dreht wie wild am Steuerruder. Aber es ist zu spät. Die *Knarzende Karla* kann nicht mehr ausweichen. Doch sie zerschellt nicht. Sie gleitet durch den Eisberg hindurch. Dabei prickelt es. Es duftet nach Apfel und Zitrone. Als das Schiff den Berg verlässt, haben die Piraten kleine weiße Krönchen auf den Köpfen.

»Dieses Meer«, murmelt Käpt'n Konstantin Klabauter, »ist wie ein Wunder.«

Doch dann sehen sie es. Es ist das größte Meeresungeheuer, das ihnen je begegnet ist. Es ist gelb und hat einen fürchterlichen roten Schnabel. Und es schwimmt direkt auf sie zu. Ist das das Ende der *Knarzenden Karla*?

In diesem Augenblick öffnet Mama die Tür des Badezimmers.

»Paulchen«, sagt sie. »Du bist jetzt eine halbe Stunde in der Bade-wanne und schon ganz schrumpelig. Gib mir dein Piratenschiff und dein Quietsche-Entchen und dann trockne ich dich ab.«

»Okay, Mama«, sagt Paulchen laut. Heimlich aber flüstert er: »Bis bald, Käpt'n Klabauter!«

Was ist das dampfende Meer in Wirklichkeit?

Die Xorx Morx

Eine Geschichte von Tobias Bungter
Mit Bildern von Marion Elitez

Die Xorx Morx vom Planeten Morx Xorx sind Weltraumpiraten. Sie fliegen mit ihrem rostigen Raumschiff *Rummsgrumms* quer durch alle Galaxien und überfallen Weltraumtransporter. Vor allem solche, die groß und langsam sind und sich nicht wehren können. Aber seit Tagen haben sie keine Beute mehr gemacht. Sie sind schon in den hintersten Winkel des Weltraums geflogen, doch ohne Erfolg. Bis plötzlich aus dem Nichts ein großer heller Fleck auf ihrem Bildschirm auftaucht.

»Was ist das?«, murmelt Worx Xorx, der Anführer der Xorx Morx, und schüttelt seine drei Köpfe.

»Das«, antwortet Xarva Varxa, die Pilotin der *Rummsgrumms*, »könnte ein riesiges Frachtschiff sein.«

»Dann nichts wie hin! Vielleicht ist es voller Glitter.«

Die Xorx Morx an Bord tuscheln aufgeregt durcheinander. »Glitter! Glitter!«

Glitter ist im ganzen Weltraum extrem selten, aber es ist das Einzige, was die Xorx Morx essen, vor allem, wenn sie nervös sind. Darum knirscht, kracht und schmatzt es jetzt in allen Ecken und Enden der *Rummsgrumms.* Jeder Xorx Morx an Bord stopft sich mit allen sieben Händen Glitter in die Münder.

»Hört auf zu futtern!«, ruft Worx. »Wir müssen uns konzentrieren.«

Xarva aktiviert den Sauseblitz-Antrieb und sie rasen auf den hellen Fleck zu. Bald schon ist er im Panoramafenster sichtbar.

»Dieses Raumschiff ist gigantisch. Hisst die Piratenfahne!«

Immer schneller saust die *Rummsgrumms* auf das fremde Schiff zu. Doch was ist das? Ein so rundes Raumschiff hat Xarva noch nie gesehen. Wo sind denn da die Düsen?

»Ist das vielleicht ein winziger Planet?«

»Unmöglich«, entgegnet Worx. »Ein Planet ist immer in der Nähe eines Sterns. Ein Planet, einfach so ganz allein im Weltraum, das gibt es nicht.«

Doch Worx täuscht sich. Die Xorx Morx haben einen Planeten entdeckt. Es ist sogar einer der seltenen Planeten, die sprechen können.

»Hallo«, sagt der kleine Planet. »Wer seid denn ihr?«

»Wir sind die Xorx Morx vom Planeten Morx Xorx. Und du?«

»Ich bin Hyperiönchen, ein Zwergplanet.«

»Aber wenn du ein Planet bist, wo ist dann dein Stern? Es gibt doch keine Planeten ohne Sterne.«

Da ziehen kleine Gewitterwolken über die Oberfläche des Zwergplaneten und seine Stimme klingt sehr traurig.

»Ich habe meinen Stern verloren. Und die anderen Planeten auch. Ich war zu neugierig und habe meine Umlaufbahn verlassen. Jetzt weiß ich nicht, wie ich zurückkommen soll.«

»Wir helfen dir gern«, sagt Worx, der ein Xorx Morx mit vier guten Herzen ist. »Wie heißt denn dein Stern?«

»Tra … Tramontana.« Als er den Namen des Sterns ausspricht, regnet es aus den Wölkchen des Zwergplaneten.

»Tramontana«, murmelt Xarva, »das sagt mir doch etwas. Ja, das ist doch ein anderer Name für den Polarstern! Dann wohnst du also im Sternbild Kleiner Bär?«

»Ja!«, sagt Hyperiönchen aufgeregt.

»Wir bringen dich hin«, beschließt Worx.

Die *Rummsgrumms* wickelt ein besonders stabiles Titanseil um den Zwergplaneten, das Xarva anschließend fest an das Steuerruder knotet. Langsam schleppt das Raumschiff der Xorx Morx den kleinen Planeten quer durch den ganzen Weltraum zum Polarstern. Sofort geht Hyperiönchen zurück in seine Umlaufbahn. Seine Freude und die der anderen Planeten von Tramontana ist riesengroß.

Was die Xorx Morx bisher nicht wussten: Einer von Hyperiönchens Planetenfreunden ist der Planet Glitter, der ganz und gar aus Glitter besteht. Er lädt die Xorx Morx herzlich ein, auf ihm zu wohnen. So lassen sich die freundlichen Weltraumpiraten nieder und überfallen nur noch ab und zu aus Spaß ein anderes Raumschiff.

Der Polarstern aber strahlt viel heller, seit sein verlorener Zwergplanet wieder zurück ist. In einer klaren Sommernacht kannst du ihn sogar von der Erde aus gut sehen.

Warum strahlt der Polarstern jetzt heller?

Timo kann das schon alleine

Eine Geschichte von Julia Breitenöder
Mit Bildern von Annika Sauerborn

Mama steht im Flur und sucht ihren Schlüssel. »Bist du sicher, dass du es alleine schaffst?«, fragt sie Timo. »Ich würde dich gern noch einmal begleiten, aber diesen Termin kann ich einfach nicht verschieben.«

Timo verdreht die Augen und schimpft: »Mama! Ich bin doch kein Baby! Natürlich kann ich ohne dich zur Schule laufen.«

Mama guckt so besorgt, als wären die paar Meter bis zum Schultor schlimmer als eine Reise nach Australien.

»Alle anderen gehen schon seit Tagen allein!«, ruft Timo.

Mama seufzt. »Du hast ja Recht, mein Großer. Bist du fertig?«

Gemeinsam gehen sie aus dem Haus und am Gartentor verabschieden sie sich. Mama drückt Timo fest an sich. »Pass bitte an den Straßen auf!«, ermahnt sie ihn. »Sprich nicht mit Fremden! Und nicht trödeln ...«

Timo windet sich aus der Umarmung, murmelt Jaja und läuft los Richtung Schule.

Den Schulweg alleine zu laufen ist ein Klacks: Wie man Straßen überquert, weiß Timo schon lange, und den Weg hat er sich schon vor seinem ersten Schultag eingeprägt.

»Ich beweise es Mama«, sagt Timo leise. Er trottet die Straße entlang. Vor der Bäckerei muss er über den Zebrastreifen gehen. Hmmm, hier riecht es aber gut nach frischem Brot! Timo bleibt stehen und schnuppert. Lecker!

Bäcker Bommel grüßt aus dem Fenster. »Hallo, Timo. Wo ist denn deine Mutter?«

»Ich geh heute allein zur Schule«, sagt Timo stolz.

Bäcker Bommel nickt. »Du bist ja auch schon groß. Warte mal!«

Kurz darauf taucht er mit einem Brötchen in der Hand am Fenster auf. »Hier, für dich, eine kleine Stärkung vor der ersten Stunde. Aber pass auf, es ist noch warm, verbrenn dir nicht die Zunge.«

»Oh, danke!« Timo nimmt das Brötchen und hüpft zum Zebrastreifen. Er guckt, die Straße ist frei, Timo geht auf die andere Seite und biegt bei der Apotheke rechts ab wie immer. Während er kaut, betrachtet er den Garten von Frau Lampe. Hier bleibt er mit Mama immer eine Weile stehen, um das Blumenmeer zu bestaunen. Heute möchte er auch gucken, wenigstens kurz. Oh, da an der Mauer krabbelt ein Marienkäfer! Timo streckt die Hand aus.

»Komm, ich setze dich auf eine Blume.«

Aber dem Käfer scheint es auf der Hand zu gefallen, er läuft hin und her. Wie das kitzelt! Jetzt krabbelt er von der Hand auf den Arm, immer weiter rauf. Timo kichert. »Willst du etwa mit in die Schule, du Kitzelkäfer?«

»Guten Morgen, Timo!« Frau Lampe steht bei den Gemüsebeeten. »Sag bloß, du bist heute ganz allein unterwegs?«

Timo nickt und kichert wieder. Der Käfer ist am Hals angekommen, dort breitet er seine Flügel aus und brummt davon. Timo sieht ihm nach.

Frau Lampe fragt: »Möchtest du mal schauen, was für ein großer Regenwurm hier gerade aus der Erde gekommen ist?«

Timo stürmt ins Beet und betrachtet den dicken Regenwurm genau. Doch dann fällt ihm wieder ein, dass er ja auf dem Weg zur Schule ist. Timo verabschiedet sich. Er kann die Ampel an der Kreuzung vor der Schule schon sehen, gleich hat er es geschafft!

Plötzlich streift etwas Weiches sein Bein. Timo guckt erschrocken nach unten und lacht. »Ach, du bist das, Moppel!«, sagt er zu dem kleinen braunen Hund. »Du hast mich erschreckt!«

»Hast du deinen Freund getroffen, Moppel?«, fragt Frau Euler. Moppel legt den Kopf schief und wedelt mit dem Schwanz. Timo hockt sich hin und krault ihn hinter den Ohren.

»Ich glaube, du musst Timo jetzt gehen lassen, Moppel, sonst kommt er zu spät zur Schule.«

Zu spät? Timo springt auf. Das kann nicht sein, er ist noch nie zu spät gekommen! Ohne sich von Moppel und Frau Euler zu verabschieden, rennt er los. Natürlich ist die Ampel jetzt rot. Timo muss warten. Wenn er mit Mama zur Schule gelaufen ist, waren immer viele andere Kinder unterwegs. Jetzt steht er ganz allein an der Kreuzung.

Endlich springt die Ampel um. Timo läuft über den leeren Schulhof

und durch die Eingangstür. Er tappt die Treppe zu seiner Klasse hoch. So still hat er das Schulhaus noch nie erlebt. Ganz vorsichtig klopft er an die Tür.

Frau Blaumann ruft: »Herein!«

Timo schleicht ins Klassenzimmer.

Seine Lehrerin sieht ihn überrascht an. »Du bist zu spät, Timo, weißt du das? Fast eine Viertelstunde!«

»Entschuldigung«, murmelt Timo. Alle starren ihn an.

»Was war los?«, fragt Frau Blaumann.

»Ich bin zum ersten Mal alleine gelaufen«, sagt Timo. »Und irgendwie ... gab es unterwegs so viel zu sehen.«

Frau Blaumann runzelt die Stirn. »So viel zu sehen?«

»Ja. Marienkäfer und Blumen und Hunde und ...«

Einige Kinder lachen, und auch Frau Blaumann grinst.

»Weißt du was? Als Hausaufgabe malst du heute ein Bild von deinen Abenteuern auf dem Schulweg. Und morgen kommst du wieder pünktlich.«

Timo nickt. Puh, das war peinlich. Mit rotem Kopf huscht er auf seinen Platz. Morgen geht er wieder allein, und dann klappt das mit dem Pünktlichsein bestimmt besser.

Wieso trödelt Timo auf seinem Schulweg?

Smutje Simon Schmackofatz

Eine Geschichte von Tobias Bungter
Mit Bildern von Marion Elitez

Smutje Simon Schmackofatz, Schiffskoch auf der berühmten Piraten-
fregatte *Wilde Lotte*, steckt kopfüber im Zwiebackfass. Zwei starke
Matrosen halten ihn an den Füßen fest, während er mit beiden Händen
den letzten Rest Zwieback zusammenkratzt. »Bitte wieder nach oben!«

Simon verteilt die Krümel an die Mannschaft, ohne etwas für sich selbst
zu behalten. Es ist die allerletzte Ration. Wenn sie nicht bald etwas zu
essen finden, sind sie verloren. Aber ein fürchterlicher Sturm hat die
Wilde Lotte vom Kurs abgebracht und ringsum ist nichts als der endlos
weite Ozean zu sehen. Am Horizont blitzt und donnert es.

»Leute, wir werfen noch einmal das Netz aus!«, ruft Simon.

Die Seeräuber beginnen zu maulen. »Was? Schon wieder das Netz?
Das bringt doch sowieso nichts.«

Simon zuckt mit den Schultern. Eigentlich haben sie ja Recht. Zehn, zwanzig, sogar dreißig Mal haben sie das Netz schon ausgeworfen und doch nie mehr als ein paar Algen, ein abgebrochenes Stück Holz oder eine magere Muschel an Bord gezogen. Warum sollte es diesmal anders sein?

Käpt'n Grummelbart klatscht in die Hände. »Los, los, ihr Faulpelze. Ihr habt gehört, was der Smutje gesagt hat. Werft das Netz aus!«

Knurrend machen sich die Seeräuber an die Arbeit. Sie lassen das schwere, nasse Netz ins Wasser gleiten.

»Noch etwas tiefer, wenn es geht«, sagt Simon Schmackofatz höflich.

Die Seeräuber stöhnen. Je tiefer sie das Netz hinunterlassen, desto schwerer ist es später, es wieder nach oben zu ziehen.

»Tiefer!«, ruft Käpt'n Grummelbart.

Immer tiefer sinkt das Netz in Richtung Meeresgrund, bis zum letzten Rest Seil, mit dem man es wieder heraufziehen kann.

»Jetzt versuchen wir es«, ruft Simon. »Zieht das Netz wieder hoch!«

Zentimeter für Zentimeter ziehen sie das Netz nach oben.

»Hau ruck! Hau ruck! Hau ruck!«, rufen die Matrosen. Simon blickt mutlos ins Wasser. Doch was ist das? Im Netz glitzert und zuckt etwas! Vielleicht ein dicker Thunfisch, den er braten könnte? Nein, es ist etwas anderes. Etwas ganz anderes.

Mit einem letzten »Hau ruck!« hieven die Matrosen das Netz an Bord. Fassungslos starren sie das Mädchen mit dem Fischschwanz an, das versucht sich aus den Maschen zu befreien. Käpt'n Grummelbart findet als Erster die Sprache wieder.

»Smutje, was haben wir denn da gefangen?«

»So etwas habe ich noch nie gesehen. Aber ich vermute, dass es eine Meerjungfrau ist.«

»Kann man so etwas braten?«, fragt der Kapitän. »Oder wäre in dem Fall panieren und backen besser?«

Das Mädchen stemmt die Arme in die schuppigen Hüften.

»Braten? Panieren? Backen? Bei euch piept's wohl!«

»Keine Angst«, beruhigt Simon sie. »Wir wollen dich weder braten noch backen. Aber du musst verstehen, dass wir alle sehr hungrig sind.«

»Na«, sagt die Meerjungfrau, »wenn's weiter nichts ist.«

Sie schnippt mit den Fingern und sofort springen etliche Makrelen aus dem Wasser und landen zappelnd an Deck. Makrelen! Das sind die Lieblingsfische der Matrosen, vor allem, wenn sie mit Petersilie gewürzt sind. Simon verbeugt sich tief.

»Danke! Ich bin Simon Schmackofatz, der Koch auf diesem Schiff.«

»Ich heiße Penelope«, sagt die Meerjungfrau. »Ich bin die Tochter des berühmten Meeresgottes Poseidon.«

»Wie kommt es, dass du in unser Netz geraten bist? So etwas passiert Meerjungfrauen normalerweise nie.«

Die freche Meerjungfrau sieht auf einmal ziemlich traurig aus.

»Ich habe mich verschwommen. Ich weiß nicht, wie ich nach Hause zurückkommen soll. Darum habe ich so sehr geweint, dass ich euer Netz nicht bemerkt habe. Mein Papa ist bestimmt schon ganz wütend.«

Simon denkt scharf nach. Der Meeresgott Poseidon ist dafür bekannt, dass er grässliche Stürme heraufbeschwört, wenn er zornig ist.

»Ich glaube, ich weiß, wo dein Papa ist. Wir bringen dich zurück nach Hause.«

Käpt'n Grummelbart schnauft verächtlich.

»Smutje, du bist hier der Koch und nicht der Steuermann. Woher willst du wissen, wo der Meeresgott Poseidon ist?«

»Du musst mir vertrauen, Käpt'n Grummelbart«, sagt Simon. »Wir müssen das Schiff zurück in den Sturm steuern.«

»Smutje, du bist von allen guten Wassergeistern verlassen! Niemals!«

Doch Penelope schnieft und schüttelt ihr langes grünes Haar.

»Bitte, edler Kapitän! Papa wird Ihnen ewig dankbar sein!«

Da wird selbst das Piratenherz von Käpt'n Grummelbart weich. Er steuert die *Wilde Lotte* zurück in den Sturm. Die Segel flattern und der Mast biegt sich, fast bricht das Schiff auseinander.

»Papa!«, ruft Penelope immer wieder. Schließlich steigt der grimmige Meeresgott aus den Fluten.

»Diese tapferen Seeleute haben mich aus dem Meer gefischt und wieder zu dir gebracht«, ruft Penelope, »bitte tu ihnen nichts zuleide!«

Auf einen Schlag ist es windstill. Penelope springt ins Wasser und schwimmt zurück zu ihrem Papa. Noch am selben Abend kocht der Smutje Makrelen mit Petersilie. Und seit diesem Tag ist die *Wilde Lotte* nie wieder in einen Sturm geraten.

Warum ist die Meerjung-
frau so traurig?

Ronaldo auf Reisen

Eine Geschichte von Julia Breitenöder
Mit Bildern von Annika Sauerborn

Regenwurm Ronaldo wartet ungeduldig hinter einem kleinen Pult aus Erde. Wann kommt endlich sein Lehrer, Herr Rose? Ronaldo ist aufgeregt, weil heute sein Lieblingsfach »Leben und Gefahren über der Erde« auf dem Stundenplan steht.

Seinen ersten Ausflug an die Erdoberfläche kann er kaum erwarten. Aber bis dahin müssen er und die anderen Schüler der ersten Regenwurm-klasse noch viel lernen, zum Beispiel, gerade und gebogene Gänge zu graben und verschiedene Arten Erde zu unterscheiden.

Endlich ist Herr Rose im Klassenzimmer angekommen und beginnt seinen Unterricht: »Heute sprechen wir über Vögel.« Die Regenwurm-kinder hören gespannt zu. Vor allem Ronaldo.

Vögel! Wie das schon klingt! Fremd und abenteuerlich!

Lehrer Rose erzählt seiner Klasse alles, was er über Vögel weiß. Sie haben zwei Beine, Krallen und Flügel. Sie tragen ein Federkleid, viele

in den buntesten Farben, manche zwitschern Melodien und fast alle können sich in die Luft erheben.

Ronaldo lauscht gebannt. Flügel – zum Fliegen! Bunte Federn! Er kann es kaum glauben und murmelt: »Ach, wenn ich das doch selber sehen könnte ...«

Sein Sitznachbar Rolf guckt ihn ratlos an. »Was willst du sehen? Und wo?«

»Vögel!«, ruft Ronaldo. »Und alles andere da oben!«

»Du hast aber schon gehört, dass Vögel Regenwürmer fressen?«, fragt Rolf. »Die sind total gefährlich!«

Ronaldo nickt. Dass diese Schwebewesen ihn zum Fressen gern haben, findet er ziemlich gruselig. Trotzdem will er unbedingt einen Vogel sehen.

»Nach der Schule grab ich mich nach oben«, verkündet er.

»Du bist ja völlig verknotet.« Rolf tippt sich mit der Schwanzspitze an die Stirn. »Das ist verboten!«

»Egal. Ich gehe trotzdem!«, sagt Ronaldo.

Gleich nach der Schule macht er sich auf den Weg. Er kriecht durch den Hauptgang und biegt dann in einen Aufwärtstunnel ab. Das Hochkriechen ist ganz schön anstrengend. Aber am Ende des Ganges, ganz weit oben,

kann er etwas Helles sehen, es schimmert blau. Ist das der Himmel? Er kriecht und kriecht, und auf einmal ist die Erde weg!

Ronaldo weiß gar nicht, wohin er zuerst schauen soll. Das Helle blendet seine Augen, etwas Kühles streicht um seinen Kopf, überall sind bunte Farben und es riecht ganz anders als unter der Erde.

Einige Dinge kennt er aus dem Unterricht. Grünes Gras und einen Baum mit brauner Rinde und grünen Blättern. Dann die wunderschönen Blumen.

Aber wo sind die Vögel? Ronaldo reckt den Kopf. Der Himmel ist tatsächlich blau mit ein paar weißen Flecken und **uuuunendlich** weit. Dort! Da fliegt etwas in der Luft! So schnell er kann, kriecht Ronaldo näher, über das grüne Gras, das seinen Bauch kitzelt. Das ist eindeutig ein Vogel, er schlägt mit seinen bunt schillernden Flügeln und flattert zwischen den Pflanzen herum.

Der Vogel fliegt einen Kreis, eine Schleife – dann stürzt er in Richtung Boden, genau auf Ronaldo zu. Der kleine Regenwurm erschrickt fürchterlich, denn jetzt fällt ihm wieder ein, dass Vögel ja Regenwürmer fressen! Bestimmt hat der Vogel Hunger nach der ganzen Fliegerei!

»Nichts wie weg!«, ruft Ronaldo und bohrt den Kopf in den Boden. »Autsch!« Da war ein dicker Stein. Und daneben ist die Erde ganz hart! Ronaldo kriecht aufgeregt herum und keucht: »Weiche Erde! Ich brauche weiche Erde!«

Aber überall ist der Untergrund hart. Immer wieder stößt er sich den Kopf an und hat zudem plötzlich einen Knoten im Schwanz.

»Verflixt!«, schimpft Ronaldo. »Warum war ich nur so neugierig? Jetzt erwischt mich der Vogel!«

Wer kichert denn da? Langsam dreht Ronaldo sich um. Da stehen vier Tiere, ein rundes rotes Ding mit schwarzen Punkten, ein kurzer Regenwurm mit Füßchen, ein grüner Kerl mit geknickten Beinen – und der Vogel!

»Nein! Friss mich nicht!«, heult Ronaldo und verheddert sich noch mehr.

Die Tiere sehen sich an und lachen los.

»Fressen? Sehen wir aus, als würden uns Würmer schmecken? Pfui Spinne!«, ruft der Vogel.

»Tu nicht so! Ich weiß genau, dass Vögel Regenwürmer fressen!«, brüllt Ronaldo und versucht seinen Doppelknoten zu lösen.

»Stimmt. Aber ich bin kein Vogel«, sagt der Vogel kichernd.

Ist das ein Trick? »Was bist du dann?«, fragt Ronaldo.

»Ein Schmetterling!«

Das hat Ronaldo ja noch nie gehört! Aber als er sich den Schmetterlings-Vogel in Ruhe anguckt, fällt ihm auf, dass er keine Federn hat.

»Du bist wirklich kein Vogel?«, versichert er sich.

Der Schmetterling schüttelt den Kopf und stellt Ronaldo seine Freunde vor: »Das sind Max Marienkäfer, Gudrun Grashüpfer und Rosa Raupe. Aber was machst du eigentlich hier? Regenwürmer leben doch unter der Erde.«

Da erzählt Ronaldo von der Schulstunde, den Vögeln und seinem heimlichen Ausflug.

Seine neuen Freunde lauschen gespannt. Und dann zeigen sie Ronaldo lauter Tiere und Pflanzen, die er noch nicht kennt.

Als er sich später von ihnen verabschiedet, hat er zwar immer noch keinen Vogel gesehen, dafür weiß er alles über Raupen und Schmetterlinge, Marienkäfer, Grashüpfer, Ameisen, Spinnen und vieles mehr. Lehrer Rose, Rolf und die anderen Regenwürmer werden staunen!

Was entdeckt Ronaldo alles bei seinem Ausflug über der Erde?

Schnapp dir den Ball!

Eine Geschichte von Luise Holthausen
Mit Bildern von Eva Czerwenka

Julian spielt im Garten mit Tasso. »Schnapp dir den Ball!«, ruft er und schleudert einen Tennisball über den Rasen. Mit fliegenden Ohren jagt der junge Labrador hinterher. Vor lauter Eifer kugelt Tasso beinahe über den Ball, dann schnappt er ihn und trabt stolz zurück.

Julian hebt einen Finger, so wie er es in der Hundeschule gelernt hat. »Sitz. Und Aus!« Brav lässt Tasso sich auf sein Hinterteil nieder und legt Julian den Ball vor die Füße.

»Super! Das hast du toll gemacht!« Julian knuddelt seinen Hund.

»Wuff!«, macht der und wedelt mit dem Schwanz. Das soll wohl heißen: »Noch mal!«

»Julian?« Am Wohnzimmerfenster erscheint Mamas Kopf. »Könntest du heute mit Tasso Gassi gehen? Ich muss noch so viel erledigen.«

Klar kann Julian das machen! Seit Tasso vor einem halben Jahr als Welpe zu ihnen gekommen ist, verbringt Julian ja sowieso fast jede freie

Minute mit ihm. Wo Julian ist, ist auch Tasso. Und wo Tasso ist, ist auch Julian.

»Ich hab eine Idee«, sagt Julian, während er Tasso an die Leine nimmt. »Wir gehen zum Fußballplatz!«

»Wuff«, antwortet Tasso. Das soll wohl heißen: »Eine Superidee!« Den Fußballplatz kennt er noch nicht, denn zum Training darf Julian ihn nicht mitnehmen. Aber heute spielt die A-Jugend, da können sie zusammen zugucken.

Als sie nach einem Abstecher zu Tassos Lieblingsbaum am Sportplatz ankommen, ist das Spiel schon in vollem Gange. Gerade hat die Nummer 6 Einwurf. Der Ball landet bei der Nummer 10, die sofort an den lauernden Stürmer abgibt.

»Das mit der Nummer 10 ist Christopher«, erklärt Julian seinem Hund. »Der beste Spielmacher, den es gibt! Und der Superstürmer da, das ist Hakan. Sein kleiner Bruder spielt bei mir in der Mannschaft. Guck, jetzt zieht er ab, Schuss und … Mist, gehalten.«

Aufmerksam schaut Tasso auf das Spielfeld. Christopher zieht von der Mittelfeldposition aus die Fäden. Fast jeder Spielzug läuft über ihn. Gekonnt verteilt er die Bälle und spielt Hakan immer wieder direkt in den Lauf. Doch spätestens vor dem gegnerischen Tor ist Endstation.

Julian rauft sich die Haare. »Das gibt's doch nicht! Der kann doch nicht alles halten!«

»Wuff«, stimmt Tasso zu.

Jetzt läuft ein Konter gegen Christopher und seine Mannschaft. Pfeilschnell jagt der gegnerische Stürmer an allen vorbei. Der Torwart kann den Ball gerade noch mit der Faust abwehren.

»Ah«, stöhnt Julian erleichtert auf. Tasso winselt.

Ohne Verschnaufpause geht es weiter. Christopher gewinnt einen Zweikampf und versucht es nun über außen. Doch seine Flanke auf Hakan gerät einen Tick zu lang. Hakan sprintet wie verrückt, um doch noch an den Ball zu kommen.

»Den kriegst du, Hakan!«, schreit Julian. Tasso bellt.

Aber der gegnerische Verteidiger ist schneller. Hakan lässt trotzdem nicht locker und versucht ihm den Ball vom Fuß zu spitzeln.

»Ja!«, brüllt Julian. »Schnapp dir den Ball!«

Im nächsten Moment reißt es ihn von den Füßen und er landet platt auf dem Bauch. Tasso jagt mit hängender Leine und fliegenden Ohren über das Spielfeld. Weil er den Fußball mit den Zähnen nicht richtig packen kann, gibt er ihm mit der Schnauze einen ordentlichen Schubs. Da kann der Torwart dem Ball nur noch verdutzt zuschauen, wie er in hohem Bogen ins Netz fliegt.

»Wuff, wuff«, bellt Tasso zufrieden. Und das soll wohl heißen: »Tor! Endlich!«

Wieso ist Tasso losgerannt?

Der Fußball aus Lima

Eine Geschichte von Luise Holthausen
Mit Bildern von Eva Czerwenka

An Luis' sechstem Geburtstag steht plötzlich sein Onkel Enrico aus Süd-
amerika vor der Tür. Das ist eine Überraschung! Mit einem feierlichen
»Herzlichen Glückwunsch« drückt er Luis eine große bunte Schachtel in
die Hand.

»Was ist da drin?« Neugierig hebt Luis den Deckel von der Schachtel.
»Ein Fußball!«, ruft er glücklich.

»Den hab ich auf dem Markt in Lima entdeckt«, erzählt Onkel Enrico.
»Da lag er zwischen lauter Krimskrams und schien mir zuzurufen: Nimm
mich mit! Ich gehöre zu Luis!«

Mit leuchtenden Augen nimmt Luis den Ball aus der Schachtel. Er fühlt
sich wundervoll an! Als wäre er nur für ihn gemacht.

Von nun an lässt Luis seinen Fußball keine Sekunde aus den Augen.
Tagsüber tobt er mit ihm herum. Nachts legt er ihn neben sein Bett.

Als Luis eines Tages wieder auf der Wiese zwischen den Häusern spielt, kommt das Nachbarmädchen Nele vorbei. Der Ball schlägt einen Haken und rollt auf sie zu.

Verdutzt schaut sich Luis um. »Wo ist mein Ball denn auf einmal?«

»Hier«, kichert Nele. »Darf ich mitspielen?«

»Klar.« Luis strahlt. Und der Ball hüpft.

Bald sind sie so in ihr Spiel vertieft, dass sie die beiden großen Jungen gar nicht bemerken, die breitbeinig auf die Wiese gestiefelt kommen. Nur der Ball spürt plötzlich einen schweren Tritt, dann liegt er mitten im Dornengestrüpp.

»Max, du bist der allerblödeste große Bruder, den es gibt«, schnaubt Nele. »Hol uns sofort den Ball wieder!«

Aber Max lacht nur hämisch. »Und was krieg ich dafür?«

Sein Freund Jonas holt tatsächlich den Ball aus den Dornen und klemmt ihn sich unter den Arm.

»Gib her«, verlangt Luis.

Jonas feixt: »Komm und hol ihn dir!«

Doch bevor Luis ihm den Ball wegnehmen kann, wirft Jonas ihn schnell zu Max. »Wir spielen um den Ball. Wenn ihr gewinnt, darfst du ihn behalten. Wenn wir gewinnen, gehört er uns.«

»Das ist unfair«, protestiert Luis. Es ist doch sein Ball! Aber das ist den beiden Jungs egal.

»Das Tor ist zwischen den beiden Bäumen«, ruft Max und legt sich den Ball zurecht. Genau in dem Moment, als er Anlauf nimmt, rollt der Ball ein Stück zur Seite und Max tritt in die Luft.

Luis kichert.

Max wirft ihm einen wütenden Blick zu und holt erneut aus. Diesmal trifft er den Ball und zirkelt ihn genau aufs Tor. Schon reißt er die Arme hoch, um seinen Treffer zu bejubeln. Da stoppt der Ball mitten im Flug und plumpst wie ein Stein herunter.

Jetzt lacht Luis aus vollem Hals. Und Max lässt die Arme wieder sinken.

»Was spielst du denn da für einen Mist zusammen?« Jonas schnappt sich den Ball und zielt aufs Tor. »Jetzt zeig ich dir mal, wie man das richtig macht.«

Von wegen. Der Ball fliegt eine Kurve und landet wieder vor seinen Füßen. Jonas versucht es noch mal. Und noch mal. Wie ein Bumerang kommt der Ball immer wieder zurück.

Mittlerweile wälzt Luis sich vor Lachen im Gras.

»Dir wird das Lachen schon noch vergehen«, droht Max. »Zeigt ihr erst mal, was ihr draufhabt.«

Das lässt Luis sich nicht zweimal sagen. Er spielt den Ball zu Nele, die zielt aufs Tor.

»Der geht meilenweit daneben!«, höhnt Max.

Aber der Ball dreht nach links ab und fliegt genau zwischen den beiden Baumstämmen hindurch.

»Zufall«, behauptet Jonas. »Weil es keinen Torwart gab.« Mit lauerndem Blick baut er sich vor den Bäumen auf.

Wieder spielt Luis den Ball zu Nele. Beim Versuch, ihn anzunehmen, stolpert sie und der Ball kullert in Zeitlupentempo durchs Gras. Hämisch grinsend streckt Jonas die Hände nach ihm aus, doch der Ball hat offenbar andere Pläne. Mit einem Satz zischt er haarscharf über Jonas' Kopf hinweg ins Tor.

Luis ballt triumphierend die Faust. »Gewonnen!«, jubelt Nele und klatscht ihn ab.

»Na und?«, motzt Max. »Den Ball nehme ich trotzdem mit!«

Da springt der Ball in die Luft und zischt Max um die Ohren wie eine riesige Biene. Rechts, links, links, rechts, immer wieder, bis Max beinahe schwindlig wird. »Mit dem Ball stimmt was nicht«, stöhnt er und schlägt sich die Hände vors Gesicht. Wusch, eine scharfe Kehrtwendung und schon fliegt der Ball drohend auf Jonas zu. »Nichts wie weg hier!«, schreit der.

Und dann rennen die beiden, wie sie noch nie zuvor gerannt sind.

Der Ball aber rollt vor Luis' Füße und bleibt dort liegen, als sei er ein ganz normaler Fußball.

Was ist besonders an dem Ball aus Lima?

Die Zauberschuhe

Eine Geschichte von Luise Holthausen
Mit Bildern von Eva Czerwenka

Lukas' großer Bruder Paul packt seine Tasche fürs Fußballinternat.

»Hier, die schenk ich dir«, sagt er und drückt Lukas ein Paar abgewetzte rote Fußballschuhe in die Hand.

Ehrfürchtig streicht Lukas über das rissige Leder. Er weiß genau, was das für Schuhe sind. Mit denen hat Paul die Aufnahme ins Fußballinternat geschafft. Jetzt wird Paul bestimmt bald ein Profi! In ein paar Jahren werden sich die Bundesligavereine um ihn reißen. Und in der Nationalmannschaft wird er sowieso spielen. Die Fernsehreporter werden ihm nachrennen und die Zeitungen werden schreiben: »Paul, der Superstürmer«.

Und alles nur wegen dieser roten Fußballschuhe.

Als Lukas die Schuhe zum ersten Mal anprobiert, spürt er es gleich: Sie fühlen sich

wirklich besonders an. Mit ihnen läuft er ganz anders als in seinen normalen Fußballschuhen.

»Wie siehst du denn aus?«, kichert seine Schwester Alina, als er über den Flur schwebt.

Aber auf so eine blöde Frage antwortet Lukas gar nicht.

Am Samstag hat Lukas ein wichtiges Spiel. Mama schaut auf Lukas' Füße und fragt: »Willst du wirklich diese Schuhe anziehen?«

»Die hat Paul mir geschenkt«, erklärt Lukas.

»Ich glaube, Pauls Schuhe sind dir noch zu groß«, meint Mama vorsichtig.

Lukas geht in sein Zimmer und zieht extradicke Wintersocken an. Dann zerrt er so lange an den Schnürsenkeln, bis die Schuhe ganz eng sitzen.

»Siehst du«, Lukas wackelt mit einem Fuß vor Mama, »sie passen mir.«
Da sagt Mama nichts mehr.

Auf dem Fußballplatz herrscht schon wilde Aufregung. Herr Gabler, der Trainer, wischt sich den Schweiß von der Stirn.

»Jungs, ihr wisst, worum es geht«, beginnt er seine Ansprache. »Die letzten drei Spiele haben wir vergeigt. Heute müssen wir gewinnen, sonst sind wir Tabellenletzter und kriegen die rote Laterne. Also, seid ihr bereit?«

»Ja!«, brüllen alle.

»Lukas, du musst heute treffen.« Der Blick von Herrn Gabler fällt auf die roten Schuhe. »Kannst du mit diesen Tretern überhaupt spielen?«, fragt er ungläubig.

»Na klar«, antwortet Lukas. Ob Paul sich auch dauernd solche Sprüche anhören musste?

»Lukas, wir zählen auf dich!«, beschwört ihn der Trainer. »Jan ist krank, wir haben also keinen Ersatzstürmer.«

Lukas nickt. Das weiß er alles. Deshalb hat er doch heute die Zauberschuhe angezogen. Wenn alles nichts hilft, dann das.

Gemeinsam laufen sie auf den Platz auf.

»Was hat der denn für komische Schuhe an«, hört er den Torwart der anderen Mannschaft prusten.

Lukas stellt seine Ohren auf Durchzug. Die werden schon noch sehen, was diese Schuhe alles können!

Zunächst aber können vor allem die gegnerischen Spieler was. Sie scheinen überall und nirgends zu sein. Es ist wie bei der Geschichte vom Hasen und vom Igel. Immer, wenn Lukas vor dem Tor auftaucht, ist schon jemand da und nimmt ihm den Ball ab. Und dann ist heute der Rasen so uneben, dass er ständig den Ball verstolpert.

Heiß ist es auch. Lukas' Füße kochen in den dicken Wintersocken.

»Zieh doch erst mal richtige Schuhe an«, grölt ein Verteidiger.

Trotzig streckt Lukas ihm die Zunge raus und rennt wieder los. Diesmal

versucht er es durch die Mitte. Mist, da muss schon wieder so ein Hubbel gewesen sein. Hat seit dem letzten Training etwa eine Maulwurfsfamilie den Rasen umgegraben? Lukas macht das Bein lang, um den verlorenen Ball zurückzuerobern.

Da fühlt sich sein Fuß plötzlich ganz merkwürdig an. So leicht irgendwie. Der Schuh rutscht ihm vom Fuß und fliegt durch die Luft. Mit vollem Schwung trifft er den Ball – und schmettert ihn ins Tor!

»Tor!«, brüllt Lukas' gesamte Mannschaft.

Die Gegner stehen mit offenem Mund da. »Das gilt nicht«, meckert der Torwart.

Aber das gilt doch. Tor ist Tor. Und Lukas' Schuhe sind Zauberschuhe. Er hat's ja gewusst!

Wieso glaubt Lukas an den Sieg?

Gegenteil-Tag

Eine Geschichte von Julia Breitenöder
Mit Bildern von Annika Sauerborn

Gerade will Jan eine Papierkugel nach Noah werfen, als seine Lehrerin Frau Lauer die Klasse betritt. Sie stellt ihre Tasche neben dem Lehrertisch ab und begrüßt die Schüler: »**Guten Abend,** Kinder! Lasst die Mathebücher bitte im Ranzen.«

Jan fällt seine Papierkugel aus der Hand. Was hat Frau Lauer da gerade gesagt? Er starrt sie verdutzt an. Auch sonst erwidert keiner den Gruß, stattdessen wird überall getuschelt und gekichert.

Frau Lauer scheint das nicht zu bemerken, sie sagt: »Seid doch bitte noch ein bisschen lauter.«

Jetzt muss Jan lachen. Lauter sein? Meint Frau Lauer das ernst? Sie schaut aufmunternd in die Klasse. Na gut! Laut sein ist überhaupt kein Problem! Er dreht sich zu Noah um und fängt an, sich lauthals mit ihm über das Fußballspiel vom letzten Wochenende zu unterhalten.

Dann klatscht Frau Lauer in die Hände, das ist das Signal, dass alle Kinder leise sein sollen.

Noah flüstert: »Die ist heute aber komisch. Erst weiß sie nicht, welche Tageszeit gerade ist, und dann kann sie sich nicht entscheiden, ob es zu leise oder zu laut ist.«

Jan zuckt mit den Schultern. Frau Lauer klappt die Tafel auf. Sie zeigt auf ein Wort, das dort in Kreideschrift steht, und sagt: »Schaut bitte weg!«

Hä? Wieso das denn jetzt? Gerade will Jan sich wieder Noah zuwenden, da liest er das Wort an der Tafel: **Gegenteil-Tag**. Was soll das denn bedeuten? Jan runzelt die Stirn. Sein Freund hat es verstanden und kichert. »Das ist ja eine tolle Idee! Äh, ich meine, eine total blöde Idee!« Er grinst Jan an. »Verstehst du? Wir sagen immer das Gegenteil von dem, was wir meinen.«

Frau Lauer nickt. »Du hast es leider nicht verstanden«, sagt sie lächelnd.

Jan klatscht sich mit der Hand an die Stirn. »Ach so! Na, das ist ja ganz einfach!«

»Falsch!«, ruft Noah. »Es ist furchtbar schwer!«

»Ob das stimmt?«, fragt Frau Lauer. Dann klopft sie noch mal in die Hände und ruft: »Lasst das Mathebuch bitte im Ranzen!«

Rasch legt Jan sein Buch auf den Tisch.

»Aber sie hat doch gesagt, es soll im Ranzen bleiben«, murmelt David.

»Mann, heute ist Gegenteil-Tag!«, raunzt Jan ihn an.

»Aha.« David starrt weiter in seinen Ranzen.

»Wer hat denn seine Hausaufgaben heute **nicht** gemacht?«, will Frau Lauer wissen. Jan und Noah sehen sich an, dann strecken beide die Arme in die Höhe.

»Ich! Ich hab meine Hausaufgaben überhaupt nicht gemacht!«, ruft Jan.

»Ich habe sie noch weniger gemacht!«, versucht Noah ihn zu übertrumpfen.

»Ich hab sie gar nicht erledigt«, sagt David.

»Dann komm du doch bitte nicht an die Tafel und rechne die erste Aufgabe nicht vor.« Frau Lauer streckt David die Kreide hin, aber er bewegt sich nicht. Jan gibt ihm einen Stoß. »Los, du bist dran!«

»Aber wieso denn? Frau Lauer hat doch gesagt, ich soll nicht an die Tafel!«, protestiert David.

Frau Lauer deutet noch einmal auf den *Gegenteil-Tag* an der Tafel und Jan flüstert: »Wenn du die Hausaufgaben nicht gemacht hast, musst du sagen, dass du sie gemacht hast. Verstehst du? Gegenteil-Tag!«

Zögernd nickt David und stottert: »Ich ... ich ... ich glaube, ich habe sie doch gemacht. Aus Versehen.«

Jetzt darf Jan an die Tafel. Schnell schreibt er die erste Aufgabe an und dreht sich stolz zu Frau Lauer um.

»Das ist leider falsch«, sagt sie.

»Wieso?«, beschwert Jan sich – und dann fällt es ihm wieder ein: »Ach ja, klar. Falsch ist ja richtig.«

Die nächste Aufgabe darf Noah rechnen. Dann setzen sich alle in den Stuhlkreis und Frau Lauer fragt: »Was möchtet ihr am Wochenende auf keinen Fall machen?«

Immer das Gegenteil zu sagen ist wirklich nicht so leicht!

Gaby fängt an: »Ich will auf gar keinen Fall zum Reiten gehen!«

»Ich gehe nicht schwimmen«, sagt Noah.

»Ich werde meine Oma nicht besuchen«, sagt Jan.

»Ich gehe ... nicht ... auf den Fußballplatz«, erzählt David.

»Das habt ihr alle furchtbar gemacht«, lobt Frau Lauer. Die Kinder lachen und in diesem Moment klingelt die Schulglocke. »Bleibt in der Pause drinnen«, sagt Frau Lauer.

»Logisch! Aber nur ohne Fußball!«, ruft David und rennt raus. »Gibt es einen, der auf keinen Fall kicken will?«

»Fußballspielen ist doof!« Jan springt neben David die Treppe runter.

So ein Gegenteil-Tag ist lustig! Mal schauen, was Mama später sagt, wenn er sie mit »Gute Nacht!« begrüßt und erklärt, dass das Mittagessen scheußlich schmeckt.

Was muss man am Gegenteil-Tag machen?

Ein Kuscheltier fährt übers Meer

Eine Geschichte von Luise Holthausen
Mit Bildern von Annika Sauerborn

Max stürmt ins Kinderzimmer, schnappt sich seinen Kuschelaffen Alfie und hüpft mit ihm im Kreis herum. »Juchhu, juchhu, morgen machen wir einen Inselausflug. Wir fahren mit der Fähre übers Meer!«

»Darf ich mit?«, fragt Alfie aufgeregt.

Natürlich darf Alfie mit! Ohne seinen Kuschelaffen geht
Max nirgendwohin.

Am nächsten Morgen fahren sie früh los, Papa, Mama, Max und Alfie. Als sie am Hafen ankommen, weiß Alfie kaum, wo er zuerst hinschauen soll, so viel ist hier los. An den Stegen schaukeln Segelyachten. Einige Fischerboote tuckern aus dem Hafen,
andere sind gerade hereinge-
kommen und

laden jetzt ihren Fang ab. Überall wuseln Leute herum und oben am Himmel ziehen die Möwen ihre Kreise.

Die Fähre liegt am großen Kai. »Ihr braucht keine Fahrkarte«, sagt Papa zu Max und Alfie, als sie über die Gangway, die Brücke zum Schiff, an Bord gehen. »Kinder unter sechs Jahren und Kuschelaffen dürfen kostenlos mitfahren.«

Mama sucht ihnen einen schönen Platz auf dem Vordeck. Da beginnt der Motor zu brummen und zwei Männer holen die Festmacherleinen ein. Schon geht es los!

Max ruft: »Da steht ein Leuchtturm an der Hafeneinfahrt!« Er hebt Alfie hoch, damit er ihn auch sehen kann. Rasch dampft die Fähre am Leuchtturm vorbei. Kaum sind sie auf dem offenen Meer, legt das Schiff noch einen Zahn zu und der Wind pustet Alfie ordentlich ins Gesicht.

Max setzt ihn neben sich auf eine Bank. »Damit du nicht ins Wasser fällst«, erklärt er.

Das gefällt Alfie gar nicht. So sieht er doch überhaupt nichts mehr!

Papa fragt Max: »Willst du mit mir das Schiff erkunden?«

»Ja!« Begeistert springt Max auf und läuft mit Papa davon.

»Halt, du hast mich vergessen!«, ruft Alfie ihm nach, aber Max hört ihn schon nicht mehr. So ein Mist! Und jetzt steht auch noch Mama auf und folgt den beiden. Soll er etwa allein hier versauern?

Alfie reckt den Hals, aber von dieser doofen Bank aus kann er noch

nicht mal das Meer sehen. Versuchsweise macht er einen Hüpfer, doch dadurch landet er mitten im Abfalleimer neben der Bank.

Uh, wie das stinkt! Alfie hält sich die Nase zu und ruft gleichzeitig: »Hilfe! Hilfe!«

Das Motorbrummen verändert sich, die Fähre wird langsamer, es gibt einen Ruck. Bestimmt haben sie gerade am Inselhafen angelegt. Viele Füße trappeln übers Deck, dann kehrt Stille ein. Die Leute sind von Bord gegangen.

Alfie bekommt es mit der Angst zu tun. »Max, wo bist du? Hilfe, ich will hier raus!«

Eine Möwe kommt angeflogen, setzt sich auf den Rand des Abfalleimers und mustert ihn mit schief gelegtem Kopf.

»Bitte, hilf mir!«, ruft Alfie ihr zu.

Auch Max hat inzwischen gemerkt, dass er seinen Kuschelaffen vergessen hat. Doch Max und seine Eltern sind von Bord gegangen und

die Gangway wird gerade wieder eingefahren. Max fängt laut an zu schluchzen: »Alfie ist weg! Ich hab Alfie verloren!«

Doch dann sieht er eine Möwe, die übers Deck genau auf ihn zufliegt. Nanu, was hat sie denn da im Schnabel? Unmittelbar vor Max stoppt die Möwe, lässt etwas vor seine Füße fallen und dreht mit einem Kreischen wieder ab.

»Alfie!« Max hebt seinen Kuschelaffen auf und drückt ihn an sich. Die Möwe hat ihm Alfie wiedergebracht! Max schaut hoch, doch die Möwe ist schon weitergeflogen. Ein bisschen sieht es so aus, als würde sie ihm mit den Flügeln zuwinken.

Was ist dein liebstes Kuscheltier? Seid ihr auch schon zusammen verreist?

Ein blinder Passagier

Eine Geschichte von Luise Holthausen
Mit Bildern von Annika Sauerborn

Finn ist fünf Jahre alt und fährt heute das erste Mal mit seinem Opa Zug. Die Lautsprecher quietschen und eine undeutliche Stimme sagt: »Bitte steigen Sie ein. Ihr Zug fährt jetzt ab!« Dann ein schriller Pfiff, ein Piepen und die Türen des ICE schließen sich.

»Opa, wir fahren los!«, ruft Finn aufgeregt.

»Und in zwei Stunden sind wir schon bei Oma.« Opa verstaut die Reisetasche in der Gepäckablage und macht es sich dann gegenüber von Finn bequem. Neben sich stellt er den Beutel mit dem Proviant. Finn freut sich schon auf die leckeren Brote. Sogar Kekse haben sie dabei. Und ihr Platz ist auch toll, mit einem kleinen Tisch und noch zwei freien Sitzen neben sich.

Ein ungefähr neunjähriger Junge

mit cooler Mütze und Kopfhörern schlurft durch den Mittelgang an ihnen vorbei. Ein paar Reihen weiter lässt er sich auf einen freien Platz fallen.

Der Zug hat den Bahnhof verlassen und düst los. Eine Weile guckt Finn aus dem Fenster. Häuser, Bäume, Menschen, Autos – **wusch,** macht es, und schon sind sie an ihnen vorbeigesaust.

Finn beugt sich vor und schaut nach dem Jungen mit der coolen Mütze. Er sitzt immer noch allein auf seinem Platz und hört Musik.

»Ich steh mal auf«, sagt Finn zu Opa.

Er geht den Mittelgang entlang bis zum Ende des Waggons, dabei hält er sich an den Sitzlehnen fest. Dann kehrt er wieder um und geht ans andere Ende. Und wieder zurück.

Schließlich fasst er sich ein Herz und bleibt vor dem Jungen stehen.

»Hallo, du«, sagt Finn. Der Junge wendet seinen Blick vom Fenster ab und guckt Finn gelangweilt an.

»Wie heißt du?«, will Finn wissen.

»Dennis.«

»Und was hörst du da?« Finn zeigt auf die Kopfhörer.

»Musik.«

»Lässt du mich auch mal hören?«

Dennis schüttelt nur den Kopf. Sehr gesprächig scheint er ja nicht gerade zu sein.

Finn macht einen neuen Anlauf. »Mit wem fährst du denn Zug?«

Jetzt zieht der Junge endlich die Kopfhörer von seinen Ohren. »Dafür brauche ich niemanden. Das kann ich ganz alleine!«

Finn staunt. Ganz alleine Zug fahren! Ohne dass ihn jemand abholen kommt! Das will er auch mal können.

In diesem Moment geht am anderen Ende des Waggons die Schiebetür auf und der Schaffner kommt herein. »Die Zugestiegenen bitte die Fahrscheine«, sagt er laut.

Sofort zieht Finn die Fahrkarte hervor, die Opa ihm gegeben hat.

Auch Dennis kramt in seiner Hosentasche. Auf einmal sieht er gar nicht mehr cool aus, sondern ziemlich klein und blass. »Mist, ich hab meine Fahrkarte vergessen«, flüstert er.

Finns Herz klopft schnell. Ist Dennis nun ein blinder Passagier?

Der Schaffner kommt näher. Dennis springt auf. »Ich muss mal aufs Klo.« Wie der Blitz ist er verschwunden, ohne dass der Schaffner ihn gesehen hat. Dafür bleibt dieser kurz darauf bei Finn stehen. Finn zeigt ihm seine Fahrkarte.

»Vielen Dank.« Mit einem Lächeln knipst der Schaffner sie ab. »Gute Fahrt noch, junger Mann«, sagt er freundlich und verschwindet im anderen Waggon.

Dennis linst aus der Klotür. »Ist er weg?«

»Ja, die Luft ist rein.« Finn grübelt, denn so geht das doch nicht! Wenn der Schaffner Dennis nun erwischt? Er kann sich doch nicht die ganze Zeit verstecken. Nein, Dennis braucht unbedingt eine Fahrkarte!

Finn läuft zurück zu seinem Platz, wo Opa gemütlich sitzt und aus dem Fenster schaut. »Opa, ich muss dir was erzählen!«

Zehn Minuten später hat Dennis eine Fahrkarte. Opa hat sie für ihn gekauft. Jetzt sitzen sie alle zusammen und spielen Quartett. Finn hat schon zwei Mal gewonnen. Und die Kekse können sie gleich auch noch essen — was für eine tolle Zugfahrt!

Warum versteckt sich Dennis auf der Toilette?

Ein Wohnwagen geht auf Reisen

Eine Geschichte von Luise Holthausen
Mit Bildern von Annika Sauerborn

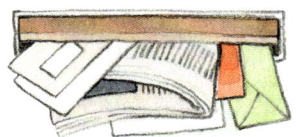

Leo und seine Schwester Anna drücken sich die Nasen am Fenster platt. Aufregende Dinge geschehen vor ihrem Haus!

»Was ist das, was da einparkt?«, fragt die kleine Anna.

»Ein Wohnwagen«, erklärt ihr Bruder Leo.

»Und wie kann man damit fahren?«

»Man hängt ihn hinten an ein Auto ran.«

Jetzt hat das Auto mit dem Wohnwagen fertig eingeparkt. Die Autotür geht auf und heraus steigt – »Papa!«, ruft Leo erstaunt.

Papa winkt und geht zum Haus. Aufgeregt rennen Leo und Anna ihm entgegen und hüpfen um ihn herum. »Warum fährst du mit einem fremden Auto? Woher hast du den Wohnwagen?«, bestürmen sie ihn.

Gerade schleppt Mama einen Koffer aus dem Keller nach oben. »Hast du für den Urlaub schon die Schlüssel bei der Nachbarin abgegeben?«, fragt sie Papa. Dann sieht sie den Wohnwagen. »Was parkt denn da für ein Ungetüm?«

»Den hat mir mein Arbeitskollege ausgeliehen. Damit fahren wir in den Urlaub«, antwortet Papa stolz.

Vor Schreck lässt Mama beinahe den Koffer fallen.

Papa strahlt sie an. »Wir ziehen von einem Ort zum anderen. Und überall, wo es uns gefällt, bleiben wir, denn wir haben ja immer unser Haus dabei!«

»Papa, du hast immer so tolle Ideen«, piepst Anna.

»Das wird ein echtes Abenteuer!«, ruft Leo.

Mama ringt um Worte. »Und was ist mit unserer Ferienwohnung?«

Papa sieht etwas verlegen aus. »Wir haben gar keine Ferienwohnung. Ich habe vergessen, sie zu reservieren, und jetzt ist schon alles ausgebucht.«

»Wenn man nicht alles selber macht«, schimpft Mama.

Am nächsten Morgen fahren sie los. Alle sind gut gelaunt. Na ja, fast alle.

Papa, Leo und Anna erfinden ein Lied. »Ein Wohnwagen geht auf Reisen«, singen sie. Nur Mama bleibt still. Über viele, viele Kilometer lang.

»Hast du die Schlüssel bei der Nachbarin abgegeben?«, fragt sie plötzlich, als sie schon ewig auf der Autobahn fahren.

Papa wird langsamer und sofort fangen die Autos hinter ihnen an zu hupen. Da kommt am Straßenrand ein Hinweisschild auf eine Raststätte. Papa setzt den Blinker und fährt ab.

Mama schaut ihn an und seufzt. »Du hast sie also nicht abgegeben. Unser Briefkasten wird überquellen und die Pflanzen werden vertrocknen, weil die Nachbarin nicht in unsere Wohnung kommt.«

»Ich hab's vergessen«, gesteht Papa kleinlaut.

Oje, jetzt müssen sie den ganzen weiten Weg zurückfahren! Zum Glück hat Papa eine bessere Idee. Er parkt stattdessen auf einem großen Parkplatz, der extra für Wagen mit Anhänger ist. Dann steigt er aus und hängt den Wohnwagen ab. »Ihr bleibt hier und macht Pause, während ich zurückfahre und den Schlüssel abgebe.«

Mama ist einverstanden und Leo und Anna freuen sich. Sie spielen Uno und Elfer raus, dann macht Mama ihnen etwas zu essen und Anna hält ein Mittagsschläfchen in ihrer Koje.

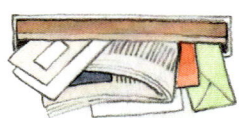

Als Papa wiederkommt, ist Mama gar nicht mehr sauer, denn eigentlich war die Pause ganz schön. »Es ist schon praktisch, wenn man sein Haus immer dabeihat«, gibt sie zu.

Papa parkt das Auto genau vor dem Wohnwagen. Mama treibt alle zur Eile an. »Wir gehen hier jetzt noch mal schnell aufs Klo und dann geht's weiter, damit wir auch noch rechtzeitig ankommen!« Schnell huschen Anna und Leo mit Mama Richtung Toilettenhäuschen, während Papa sich erschöpft auf dem Beifahrersitz niederlässt.

Nach ein paar Minuten kommen sie zurück und Mama setzt sich ans Steuer. Sie startet den Wagen, fährt los und setzt den Blinker. »Man merkt ja überhaupt nicht, dass wir etwas Schweres ziehen«, sagt sie und wirft einen erstaunten Blick in den Rückspiegel.

Papa gähnt und murmelt: »Das Auto hat eben einen starken Motor.«

Aber Mama rollt mit den Augen und bremst schon wieder. Anna und Leo gucken aus dem Fenster. Sie lachen: »Papa, du hast unser Haus vergessen!«

Wieso sind Anna und Leo so begeistert vom Wohnwagen?

Weihnachten bei Oma Lotti

Eine Geschichte von Barbara Rose
Mit Bildern von Cornelia Haas

»Möchtest du eine heiße Schokolade?« Oma Lotti lächelt Tom an.

Tom schüttelt den Kopf und schweigt.

»Vielleicht ein paar Plätzchen? Oder ein Stück Christstollen?«

Mürrisch presst Tom die Lippen aufeinander.

»Na gut.« Oma Lotti zuckt mit den Schultern. »Dann setze ich mich jetzt einfach auf mein Kanapee und warte. Aber vorher hole ich noch Proviant. Den werden wir brauchen.«

Tom verdreht die Augen. Kanapee! So ein blöder Ausdruck für dieses riesige, alte, zerschlissene Sofa. Bestimmt ist es total unbequem. Wahrscheinlich auch voller Motten. Und wozu braucht man Proviant, wenn man nur rumsitzt und sich anödet?

»Fröhöhliche Weihnacht überall ...« Singend balanciert Toms Oma zwei Tassen dampfenden Kakao und einen Teller mit Plätzchen durchs Zimmer. Sie stellt beides auf

ein Tablett, mitten auf ihr breites, mit Samt bezogenes Sofa, und setzt sich daneben.

»Tom?« Oma Lotti schiebt sich einen Zimtstern in den Mund. »Du darfst deinen Eltern nicht böse sein, dass sie am ersten Weihnachtsfeiertag eingeladen sind! Onkel Bill wird sechzig, da möchten sie dabei sein. Komm endlich her, du Sturkopf. Ich verspreche dir, dass es nicht langweilig wird.«

Oma Lottis Wangen glühen. Rote Apfelbäckchen, denkt Tom. Sieht nett aus. Eigentlich mag er seine Oma richtig gern, aber muss er unbedingt die ersten zwei Weihnachtstage bei ihr verbringen? Wo so tolle Filme im Fernsehen kommen! Und zu Hause sein neuer Computer wartet, den er an Heiligabend bekommen hat!

»Tom?« Oma Lotti seufzt. »Ich warte.«

Betont langsam schlurft Tom los und hüpft schwungvoll auf das Kanapee. Erstaunt sieht er Oma Lotti an. Oh! Das ist aber gemütlich! Tom kuschelt sich an die Lehne. Fast so weich und warm wie in seinem Bett.

Oma Lotti reicht ihm eine Decke. »Kann es losgehen?«

Losgehen? Was denn? Gerade will Tom fragen, was Oma damit meint, da ruckelt und ächzt und knarzt das Kanapee. Als Tom nachsehen will, ob bei seinem Sprung etwas unten am Sofa kaputtgegangen ist, hält er den Atem an. Unter ihm ist kein Dielenboden mehr. Um ihn herum ist auch kein Haus. Stattdessen fliegt er mit Oma und ihrem Sofa über weites,

weißes Land. Ein eisiger Wind zischt ihnen um die Ohren, dichte Schneeflocken wirbeln vom Himmel. Nur auf dem Kanapee ist es mollig warm
und gemütlich.

»Unter uns liegt das Land der Schneehasen«, beginnt Oma Lotti zu
erzählen. »Es ist auf keiner Landkarte der Welt verzeichnet. Nur wenige
Menschen wissen davon. In diesem Land lebt auch der Weihnachtsmann.
Beinahe das ganze Jahr über arbeitet er hier, um die Geschenke für die
Kinder herzustellen. Und die Schneehasen helfen ihm dabei. Sie sind sehr
geschickt. Ihre Werkstätten sind über das Land verteilt. Sieh doch mal,
wie es aus den Schornsteinen dampft und qualmt.«

Vorsichtig beugt sich Tom über den Rand des Kanapees. Tatsächlich!
Brauner Rauch steigt aus einem Kamin und es duftet nach …

»Schokolade!«, ruft Tom.

Oma Lotti nickt. »Hier werden Schokoweihnachtsmänner hergestellt. Sie haben schon mit der Produktion fürs nächste Jahr begonnen!«

Toms Magen knurrt wie ein Wolf. Hungrig greift er nach den Weihnachtsplätzchen auf dem Kanapee und trinkt seinen Kakao in einem Zug aus. Erstaunt bemerkt er, dass sich die Plätzchen und das Getränk wie von selbst wieder auffüllen.

Oma Lotti lacht. »Sag ich doch, dass wir Proviant brauchen!«

Aus dem nächsten Kamin, über den sie fliegen, quillt grüner und knatschbrauner Rauch. Tom sieht Oma Lotti irritiert an.

»Dinos, Laserschwerter, wilde Kuscheltiere. Hier entstehen vor allem Geschenke für Jungen. Aber nicht nur! Auch Mädchen finden solche Sachen toll.«

Auf ihrem Flug kommen sie noch an vielen Werkstätten vorbei. Emsige Schneehasen laufen überall hin und her. Nur der Weihnachtsmann ist nirgends zu sehen.

»Wo ist er?«, will Tom wissen.

»Oh, der macht Urlaub.« Oma Lotti grinst. »Auf der Lametta-Insel. Möchtest du hinfliegen?«

Und ob Tom das möchte! Nach kurzer Zeit kurven sie ein paar Achten über einer Insel mit puderzuckerweißem Strand, Palmen und türkisblauem Meer. Lachend beobachtet Tom, wie ein Dutzend Weihnachtsmänner in

Badehosen ins Wasser steigen, andere dösen faul im Liegestuhl oder schlür-
fen Cocktails an der Bar. Alle tragen ihre rot-weiße Mütze.

»Ohne Mütze würde man sie schließlich nicht mehr erkennen«, erklärt
Oma Lotti.

»Aber warum sind es so viele?«, fragt Tom.

»Jedes Land hat seinen eigenen.« Oma Lotti wirft einen Blick nach
unten. »Da, die Weihnachtsmänner aus Amerika und Italien trudeln
gerade erst ein. Sie mussten heute Morgen, am ersten Weihnachtstag, noch
arbeiten.«

Tom ist begeistert. »Und jetzt? Wo fliegen wir jetzt hin?«

Oma Lotti kichert. »Nach Hause. Es ist spät geworden. Ich könnte mir vorstellen, dass wir morgen noch eine Runde mit meinem Kanapee drehen. Vielleicht zeige ich dir die geheime Plätzchenfabrik der Weihnachtswichtel. Oder findest du es immer noch langweilig mit mir?«

»Laaaangweiiiilig?« Tom gähnt. Inzwischen ist er ziemlich müde geworden. »Langweilig? Äh … habe ich das gesagt? Oma Lotti, das war …« Eigentlich wollte Tom seiner Oma sagen, dass es ein supertolles Weihnachten war. Aber das schafft er nicht mehr. Ihm sind schon die Augen zugefallen. In dieser Nacht träumt Tom auf Omas Kanapee vom Schneehasenland, durch das wilde Dinos laufen. Von Schokoweihnachtsmännern, die in Badehose am Strand sitzen und Plätzchen knabbern. Und von seiner Oma Lotti, die mit dem Weihnachtsmann ein Liedchen trällert.

Wohin würdest du mit dem Kanapee zuerst reisen?

Eine Ente für Alfred

Eine Geschichte von Julia Breitenöder
Mit Bildern von Nina Hammerle

Alfred huscht vom Mauseloch zur Stalltür. Vor nicht allzu langer Zeit
lebten hier lauter Kühe und man musste aufpassen, nicht von harten
Hufen oder fallenden Kuhfladen getroffen zu werden. Und überall
lauerten die Katzen, die schnelle Jenny und der fette Ottokar — langweilig
wurde es nie. Aber dann verkaufte der Bauer die Kühe, die Katzen kamen
nicht mehr in den Stall und irgendwann zogen auch die Mäuse fort.
Zum Schluss war nur noch Alfred übrig.

Anfangs vermisste er seine Freunde, aber dann gewöhnte er sich an
die Stille in seinem Stall. Er konnte tun und lassen, was er wollte, er war
der Chef. Das war toll!

Manchmal kam Besuch, die Schwalben bauten im Sommer ein Nest
unterm Dach und die letzten Wochen hatten tatsächlich zwei Enten im
Stroh gebrütet. Endlich war wieder Ruhe im Stall!

»Zeit für mein Sportprogramm!« Alfred stellt sich an die Tür, zählt

bis drei und rennt los. Einmal hin, einmal her durch die Stallgasse. Das macht Spaß! Jetzt die Sprünge durchs Stroh. Wenigstens muss er heute dem Entennest nicht mehr ausweichen. Mit einem gewaltigen Satz fliegt er mitten hinein. **Kracks!** Oh nein! Alfred kneift die Augen zu. Bestimmt steht er jetzt knietief im Eiermatsch! Warum haben die Enten ihr letztes Ei denn nicht mitgenommen?

Aber seine Füße sind trocken geblieben. Dafür klopft etwas dagegen. Alfred blinzelt. »Löchriger Stinkekäse! Was machst du denn hier?« Neben ihm sitzt ein Entenküken, noch ganz feucht vom Schlüpfen, und sieht ihn erwartungsvoll an.

»Bestimmt holen deine Eltern dich bald ab. Bleib einfach hier sitzen.« Alfred streicht kurz über das flauschige Köpfchen. »Ich muss weiter Sport machen.«

Er stürmt in neuer Rekordzeit zur Futterkrippe hoch, fünf Runden um den Trog und wieder abwärts. Unten prallt Alfred mit einem Federknäuel zusammen.

»Nak, nak!« Das Entchen freut sich über das Wiedersehen.

Aber Alfred schimpft: »Du sollst in deinem Nest bleiben, hab ich gesagt!« Doch das Entlein versteht ihn nicht oder es will nicht hören, jedenfalls watschelt es hinterher, während er weiter durch den Stall rennt, und feuert ihn mit »Nak, nak, nak« an. Alfred läuft schneller als je zuvor. Zu zweit macht Sport mehr Spaß. Aber bald ist er völlig außer Puste.

»Ich gehe jetzt in mein Mäuseloch. Und du wartest hier auf deine Eltern«, verabschiedet er sich von seinem Begleiter.

Doch das Entenkind hat andere Pläne. Hinter Alfred quetscht es sich ins Mäuseloch und kuschelt sich zum Schlafen dicht an ihn.

»Das ist doch viel zu eng!«, ächzt Alfred. Das Entchen rückt noch näher. Es ist warm und weich und gar nicht so unbequem. »Aber namenlos darfst du hier nicht wohnen.« Alfred überlegt. »Ich nenne dich Quentin.«

»Nak, nak«, quakt die kleine Ente, die schon fast schläft.

Am nächsten Morgen frühstücken Alfred und Quentin zusammen

Körner. »Ich muss dich zu deiner Familie bringen«, sagt Alfred. »Dann hab ich wieder meine Ruhe.«

Aber beim Gedanken daran hat er ein ganz komisches Gefühl im Bauch. Langsam tappt er vor dem Entchen hinaus auf die Wiese. Als Quentin die anderen Enten sieht, versteckt er sich sofort hinter Alfred. Der schiebt und zieht und redet auf das Entenküken ein. Allerdings nicht sehr hartnäckig. Die Vorstellung, ohne Quentin in den Stall zurückzukehren, gefällt ihm gar nicht. Und der denkt nicht daran, zu seinen Verwandten zu gehen.

Also laufen die Maus und die Ente gemeinsam zurück.

»Gestern dachte ich, der Stall ist leer und still am schönsten«, sagt Alfred. »Aber jetzt weiß ich, dass das nicht stimmt.«

»Nak, nak«, antwortet sein neuer Freund.

Warum freut sich Alfred über Quentin als neuen Mitbewohner?

Der Kühlschrank lebt

Eine Geschichte von Barbara Rose
Mit Bildern von Cornelia Haas

Im Schlafanzug steht Paul am Fenster in der Küche und starrt in den Garten. Was ist das bloß für ein blöder Winter? Schon wieder kein Schnee, stattdessen trommeln dicke Regentropfen gegen die Scheibe und der Wind lässt die Äste der Bäume erzittern.

»So ein doofes Wetter! Ich will Schlitten fahren. Und Schneemänner bauen. Ich wünsche mir endlich einen echten Winter!«, brüllt Paul. »Und zwar sofort!«

Genau in diesem Moment öffnet sein Zwillingsbruder Max den Kühlschrank, um sich einen Becher Joghurt zum Frühstück herauszunehmen. Er hat die Tür noch nicht wieder geschlossen, da passiert es: Auf einmal weht eiskalte Luft durch die Küche, kleine Eiskristalle wirbeln durch den Raum und mit einem lauten Peng sind die Zwillinge plötzlich winzig klein und stehen mittendrin. Im kalten, eisigen, frostigen Kühlschrank!

PENG!

»Willkommen in der Kälte«, hören sie eine freundliche Stimme. »Na dann mal los. Hinein in die Winterlandschaft.«

»Wer redet da?« Paul knufft Max in die Rippen. Hinter dem Joghurt tritt ein kleines weißes Männchen hervor – ganz aus Eis!

»Ich bin's, der Eiswürfelkönig!«

Max kratzt sich am Kopf. »Der Eiswürfelkönig?«

Das Männchen kichert. »Ihr habt euch doch eine Winterwelt gewünscht. Hier ist sie!«

»Spinne ich? Zwick mich mal, Paul.«

Das tut sein Bruder, ziemlich heftig sogar, aber es ändert nichts.

»Wenn ihr noch länger so rumsteht, friert ihr fest«, brummt der Eiswürfelkönig. »Ihr wolltet doch Schlitten fahren!«

Max und Paul sehen sich an. Wie durch Zauberei tragen sie keine Schlafanzüge mehr, sondern dicke Winterjacken, Stiefel, Mützen, Schals und Handschuhe.

»Cool!« Max grinst.

Paul zuckt mit den Schultern. »Und wo, bitte schön, kriegen wir jetzt Schlitten her?«

Der Eiswürfelkönig lacht. »Kleiner Tipp: Käsescheiben eignen sich bestens zum Rodeln. Liegen direkt neben euch!«

Käsescheiben? Unschlüssig stehen die beiden Jungen zwischen Brokkolibäumen, von denen lange Eiszapfen hängen, und einem verschneiten Hügel, der schwer nach einem Blumenkohl aussieht.

Max schnappt sich ein Stück Käse. »Komm schon. Zu Hause rutschen wir doch auch auf Plastiktüten, wenn wir die Schlitten vergessen haben.«

»Hmm, lecker!« Paul schnuppert. »Gouda. Den mag ich.«

»Untersteh dich«, schimpft Max. »Du kannst doch nicht deinen Schlitten auffuttern!«

Johlend stapfen die Brüder den Blumenkohlberg hinauf, klemmen sich die Goudascheiben unter ihre Hintern und sausen los. Rechts um die Kurve, links um die Kurve, pfeilgerade auf einen zugefrorenen Nudelsuppensee am Fuße des Berges zu. Krachend landen die Käsescheiben auf dem Eis.

»Schade, dass wir keine Schlittschuhe haben.« Mit ein paar kräftigen Hüpfern testet Paul die Festigkeit des Eises. »Das hält!«

»Kein Problem«, gluckst der Eiswürfelkönig. »Mit ein paar getrockneten Tomaten an den Füßen schlittert ihr wie die Weltmeister. Eine Schale steht direkt neben euch.«

Paul und Max staunen. Tatsächlich! Wie Kaugummi kleben die glitschigen Tomaten an ihren Stiefeln. Gekonnt schlittern die Jungen übers Eis, drehen Pirouetten, malen Achten und Kreise auf den zugefrorenen Nudelsuppensee.

Nach einer Weile reibt sich Max die Hände. »Du, Paul? Mir ist kalt. Ich wünschte, wir wären wieder in unserer warmen Küche!«

Sein Bruder nickt.

Ein Knall, ein Scheppern, ein Sirren ... und schon sitzen die beiden Jungen wieder am Frühstückstisch. Als wäre nie etwas gewesen. Verwundert reiben sie sich die Augen. Haben sie das Ganze etwa nur geträumt?

»Sagt mal, Jungs, sind das Schneeflocken auf euren Schlafanzügen?«, fragt Mama erstaunt, als sie in die Küche kommt.

»Schnee?« Paul grinst.

»Quatsch«, meint Max und zwinkert seinem Bruder zu. »Wo soll der denn herkommen?«

Was machst du im Winter am liebsten?

Schlittenfahrt mit Tiger Fred

Eine Geschichte von Barbara Rose
Mit Bildern von Cornelia Haas

»Heute machen wir etwas ganz Besonderes«, kündigt Papa am Abend an.
»Wir fahren Schlitten im Dunkeln. Bei Fackelschein! Was meinst du,
Lasse?«

Schlittenfahren in der Nacht? Lasse starrt Papa mit großen Augen an.
Was ist das denn für eine komische Idee?

»Wie findest du das?«, fragt Papa.

»Gut«, krächzt Lasse. Seit Tagen wünscht er sich, dass Papa mit ihm
zum Schlittenfahren geht. Aber im Stockdunkeln? In Lasses Bauch
kribbelt es, als würden Hunderte von Ameisen darin herumkriechen.

»Wusste ich doch, dass das eine gute Idee war. Das
wird super.« Papa knufft Lasse in den Arm.
»Ich freu mich, Lasse.«

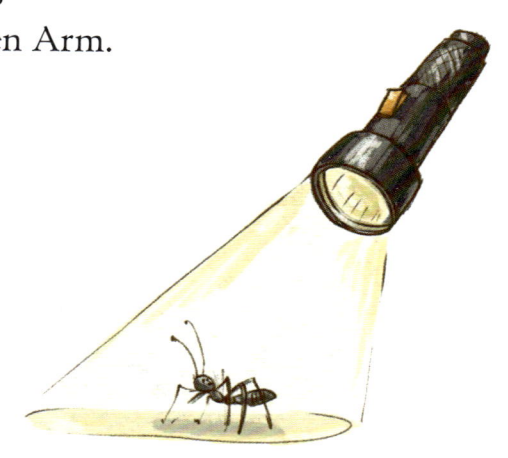

Lasse beißt sich auf die Unterlippe. Wie gerne würde er jetzt sagen, dass er eigentlich Angst hat. Ziemlich große Angst sogar. Aber das will er vor Papa nicht zugeben. Auf keinen Fall!

»Ich zünde draußen Fackeln an und hole die Schlitten. Du packst dich warm ein«, sagt Papa. »Dann geht es los.«

Als Lasse aus dem Fenster sieht, wird ihm immer mulmiger. Pechschwarz ist es draußen, ab und zu zuckt eine Flamme durch die Dunkelheit. Gruselig! Lasse seufzt. Da fällt sein Blick auf Tiger Fred. Das Kuscheltier liegt wie immer auf Lasses Bett. Ohne Fred geht Lasse nirgendwohin. Fred kommt mit in den Kindergarten, zum Einkaufen mit Mama und zum Übernachten zu Opa und Oma.

»Du musst mitkommen, Fred Tiger. Und auf mich aufpassen«, flüstert Lasse.

»Aber heimlich. Papa soll nichts davon wissen.« Papa würde ihn bestimmt auslachen, wenn er sein Kuscheltier mitnimmt. Vorsichtig stopft Lasse den Tiger unter seine Jacke, dann geht er los.

Bitzelkalt und sternenklar ist die Nacht. Lasse ist froh, dass Tiger Fred unter seiner Jacke steckt und ihn beschützt. Genauso schön ist es, dass Papa ihn an die Hand nimmt. Gemeinsam stapfen sie zum Schlittenberg. Lasse staunt. Entlang der Abfahrt hat Papa Fackeln aufgestellt. Mit ihren Flammen bringen sie den Schnee zum Glitzern und tauchen den Hügel in warmes, goldenes Licht.

»Das sieht schön aus«, staunt Lasse.

»Finde ich auch«, meint Papa. »Sollen wir zusammen fahren oder jeder alleine?«

»Ich fahre mit ... äh ... ich fahre alleine«, erklärt Lasse. Beinahe wäre ihm herausgerutscht, dass er Tiger Fred dabeihat.

»Mutig, mutig.« Papa schnalzt mit der Zunge. »Sollen wir um die Wette fahren?«

Lasse nickt. Sieben Mal sausen sie den Hügel hinunter. Vier Mal gewinnt Papa, zwei Mal Lasse und einmal fällt Papa vom Schlitten.

Vor lauter Anstrengung hat Lasse gar keine Zeit, Angst zu haben. Außerdem wärmt Tiger Fred seinen Bauch.

»Jetzt musst du aber auch mal mit deinem alten Papa Schlitten fahren«, sagt Papa nach einer Weile.

»Na gut«, kichert Lasse. Er drückt sich hinter Papa auf den Schlitten. Tiger Fred wird zwischen den beiden zusammengepresst wie eine Bratwurst zwischen zwei Brötchenhälften.

»Hast du da was unter deiner Jacke?«, will Papa wissen.

Lasse schüttelt den Kopf. »Fahren wir?«

Dieses Mal saust Papa besonders wild den Hügel hinunter und steuert den Schlitten genau auf einen Buckel zu. **Zong!** Mit Karacho schießen sie darüber, fliegen kurz durch die Luft und landen ... **Peng!** ... mitten in einem mächtigen Schneehügel. Überall fliegt Schnee durch die Luft. Es sieht aus, als würde es wieder schneien.

»Punktlandung!« Papa schält sich aus dem Tiefschnee.

Lasse kugelt sich kichernd am Boden. Das war lustig!

Als sie wieder loslaufen wollen, bemerkt Papa etwas Braun-schwarz-Gestreiftes im Schnee. Tiger Fred! Lasse stöhnt. Ertappt!

»Jetzt weiß ich, warum du so furchtlos bist«, meint Papa. »Du hast deinen Tiger dabei.«

»Findest du das doof?«, fragt Lasse schüchtern.

Papa sieht Lasse an. »Quatsch, natürlich nicht. Auch Jungs haben

manchmal Angst.« Papa zieht seinen Schlüssel aus der Tasche. Daran baumelt ein winziger Löwe. »Darf ist vorstellen? Lionel Löwe. Den habe ich immer dabei. Bringt Glück und vertreibt jede Angst.«

»Echt?« Lasse grinst. »Du, Papa, sollen wir morgen wieder im Dunkeln Schlitten fahren?«

Warst du auch schon mal im Dunkeln unterwegs?